本书为云南师范大学"联大学者青年英才资助计划"阶段性成果

1938～1946

西南联大师范学院
教育学系之历史考察

张睦楚 ———— 著

科学出版社
北京

内容简介

本书以1938—1946年内迁云南教育学人来滇办学、从事教育活动和学术活动为研究线索，以抗日战争时期云南各级各类教育的扩充、提升、发展为研究重点，以西南联大师范学院教育学系的课程设置、人才培养、学术研究及学生地方教育服务等问题为主轴，详细而具体地探讨了这一时期西南联大师范学院教育学系的发展脉络、学人构成、在滇主要教育活动及其影响。本书综合运用历史学与教育学相关研究方法，客观阐述了迁滇教育学人对云南教育发展的重要贡献，以为中国抗日战争时期教育史研究、云南抗日战争时期教育史及云南近现代教育史研究提供借鉴。

本书可供对教育史及西南联大师范学院教育学系的发展历史感兴趣的读者阅读。

图书在版编目（CIP）数据

西南联大师范学院教育学系之历史考察：1938—1946/张睦楚著.—北京：科学出版社，2024.9
ISBN 978-7-03-075865-1

Ⅰ.①西⋯　Ⅱ.①张⋯　Ⅲ.①西南联大师范学院-校史-1938—1946
Ⅳ.①G659.287.41

中国国家版本馆CIP数据核字（2023）第109003号

责任编辑：朱丽娜　高丽丽/责任校对：王晓茜
责任印制：徐晓晨/封面设计：润一文化

科 学 出 版 社 出版
北京东黄城根北街16号
邮政编码：100717
http://www.sciencep.com
北京建宏印刷有限公司印刷
科学出版社发行　各地新华书店经销
＊

2024年9月第 一 版　开本：720×1000　1/16
2025年5月第二次印刷　印张：12 1/2
字数：216 000
定价：99.00元
（如有印装质量问题，我社负责调换）

目　　录

绪　　论

一、近代战时云南教育的现状

1937 年，我国华北地区和沪、杭、宁等城市最先遭受战争影响，河北、山西、河南等地区的高等院校及中学教员、文化界人士开始大规模向西北、中南、西南地区迁移。1938 年，随着战事的进一步扩大，我国东南沿海地区和中部地区的大多数高校、部分中等学校和文化机构亦被迫向较为安全的西南、西北地区迁移。位于我国西南地区的云南省无疑是此次文教机关西迁的重要目的地之一。南线迁移的部分文教机构人员和数量众多的学人历尽艰辛，辗转千里，来到经济和教育文化相对不发达、交通不便、社会相对闭塞的云南，为抗日战争时期云南教育和文化事业的发展提供了一次难得的机遇。

1937 年以前，经过清末兴学以来的艰难发展，云南省的教育虽初具规模，并获得了一定程度的发展，但相比东南沿海各省，以及中部的湘、鄂及平津、山西等地，还有不小差距。就高等教育而论，经过一系列的创办、停办，1937 年前的云南省仅剩省立云南大学①一所专科以上学校。近代，云南于清末光绪年间已经开始

---

① 该校原名为私立东陆大学，1934 年改称省立云南大学。1937 年，著名数学家熊庆来先生出任该校校长。当时，该校规模很小，只有文法、理工两个学院和一个医学专修科，学生总计只有 300 多名。长期以来，由于地处西南边疆、办学经费不足等，该校无法聘到高水平师资，严重影响了学校的发展。

创建师范学堂，发展师范教育，至宣统二年（1910 年），云南各类学堂发展至 949 所。其中，优级师范学堂 1 所，初级师范学堂 6 所，简易师范学堂 3 所，师范类学堂占学堂总数的 1.05%。1911 年，全省 2263 名毕业生中，有师范学堂单级讲习科学生 114 人，女子师范学堂学生 25 人，共占毕业生总数的 6.14%。[①]由此可见，无论从学堂数量还是毕业生所占比例来看，这一时期云南师范教育的发展都较为缓慢，尚处于萌芽期。1937 年 3 月，云南省中等师资教育正规学校有昆华师范学校、保山师范学校、昆华艺术师范学校等 13 所，简易乡村师范学校则有 3 所，简易师范学校 9 所。此时，共有省立师范学校 25 所，正规师范 32 个班，1554 人，简易师范 29 个班，1457 人，教育投入为 25.65 万元。此外，当时云南省还有县立简易师范学校 20 所，昆明的县乡村师范学校 1 所。有正规师范 1 个班，60 人，简易师范 50 个班，2185 人。[②]其中，虽然云南省教育厅在 20 世纪 30 年代初筹办了云南省立师范学院，但后来为了统一云南省的高等教育，于 1934 年将私立东陆大学、云南省立师范学院与云南法政专门学校合并，使得云南师范高等教育没有发展起来。这一时期，云南缺少高等师范教育、中等学校师资严重缺乏、课程因无人教而无法开设、教育质量较为低劣、高中毕业能升入大学者较少。[③]总而言之，1937 年以前，云南省的教育无论是规模还是质量均比较滞后，其教育近代化的水平也较低。该省的教育在 1937 年以前难以有较大发展，除地处西南边疆、民族众多、经济文化发展滞后、经费不足、交通不便、自我封闭等原因外，外来文化与外来资源长期难以注入实为一大主因。

抗日战争期间，云南教育的这一状况有了重大改观。1937—1945 年，先后有西南联合大学等 10 余所原设于外省的知名公私立高校迁至昆明、大理等地办学。云南还设立了几所专科与中专性质的学校，如 1939 年在昭通设立的国立西南师范

---

① 蔡寿福：《云南教育史》，昆明：云南教育出版社，2001 年，第 319 页。

② 蔡寿福：《云南教育史》，昆明：云南教育出版社，2001 年，第 471 页。

③ 云南师大校史编写组：《国立西南联合大学师范学院的增设和独立》，《云南师范大学学报（哲学社会科学版）》，1988 年第 2 期，第 97—103 页。

学校（后迁至文山），1938 年设立的中央政治学校大理分校①，1940 年在昆明成立的云南省立英语专科学校（教师主要来自迁滇的各高校），等等。1938 年，由著名学者袁同礼担任馆长的久负盛名的国立北平图书馆迁至昆明，使云南获得了前所未有的来自中央政府的经费和人力支持。除此而外，昆明作为战时后方的重要文化中心、教育中心，也吸引了出版、新闻、音乐、戏剧等文化界和艺术界的不少知名人士（如洪深、田汉、曹禺、徐悲鸿、潘天寿等）在此活动。这一时期，中国教育学会、中国工程师学会、中国化学会等重要全国学术团体也在昆明举办年会，开展学术活动。总之，这些外来文化教育资源的输入和学人在云南的各种教育、学术活动，无疑使云南教育、文化获得了一次重要的发展契机。

正是得益于内迁教育学人这一主要因素的影响，这一时期，云南教育尤其是云南的师范教育有了较快发展。1929 年，省政府实行教育经费独立后，教育经费大幅度增长，支出也增长了 19 倍，其中用于中等教育的占 50%，全省中等学校特别是省立中学（师范、职业学校），由于经费充裕得到较快发展。据云南省教育厅 1937 年 6 月的统计，全面抗战前夕全省已经有公私立中学 68 所，其中省立 22 所，县（市）立 43 所，私立 3 所；中等师范学校 55 所，其中省立 25 所，县立 30 所（大部分是简易师范）；中等职业学校 12 所，其中省立 10 所，县立 1 所，私立 1 所；中等学校的总数达 135 所。②

西南联大师范学院是战时云南地区较有影响力及代表性的师资培养机构，而教育学系又是该院最重要的学系。自创立伊始，西南联大师范学院特别是其下属的教育学系，荟萃了北京大学、清华大学、南开大学三校及原云南大学教育系的教师精华，在昆明八年，又有查良钊等一批名师来院、来系执教。他们潜心研究、不断探索，既注重发扬民族优秀文化传统，又注重借鉴国外的先进思想；既注重理论思

---

① 为中央政治学校所设的五所边疆分校之一，其他四所分别设于包头、西宁、康定、肃州。该校后改名为国立大理师范学校。1938 年，由著名教育学家、中央政治学校大学部教育系主任汪懋祖筹办设立，设简易师范、初中、生活技能三班。

② 中国人民政治协商会议云南省委员会文史资料委员会：《云南文史资料选辑 第五十三辑 内迁院校在云南》，昆明：云南人民出版社，1998 年，第 6 页。

考，又勇于进行实践，形成了教育学系特有的学科氛围，铸就了系所严谨、求实、进取的学风，使西南联大师范学院既出思想，又出人才，对云南现代化教育事业的发展做出了特殊贡献。回顾西南联大师范学院建院、西南联大师范学院教育学系建系的历史，我们眼前闪现的是成千的教授在研究、执教的情景，是上万学子在苦读的情景。西南联大师范学院及其教育学系的发展史，无疑是一幅波澜壮阔、辉煌灿烂的百年长卷，而本书的回顾性研究，即是对这一历史的致敬。对其研究，有助于透过一所学校、一个科系的发展，窥得这门学科在中国的本土化发展路径和沿革情况。

伴随着云南地区师范教育的辉煌发展历程，西南联大师范学院教育学系也走过了漫长的岁月。西南联大师范学院教育学系作为战时著名大学最重要的学系，经过几代人坚韧不拔的努力，取得了足以自慰的成绩。回顾西南联大师范学院教育学系几十年来走过的历程，有很多值得继承和发扬的优良传统，这是一笔宝贵的财富。我们今天可以通过西南联大师范学院教育学系的发展史来窥见当时全国高等师范教育的面貌，也是近代以来中华民族寻求教育兴国之路的历史记录。因此，本书根据西南联大校史对教育学系的建设情况做一介绍，以便于将教育学科历史置于广阔的历史长河中，以廓清研究思路。对于一门学科，如果不了解其发展历程，必定会影响其进一步的发展。其中缘由可详细陈述如下：其一，院校的学科史资源是深入理解与科学把握学科发展规律的重要途径，可收鉴往知来之效；其二，开发学科史资源，也是集成与弘扬学科优良传统、促进优势学科发展的必由之路；其三，当今高校竞争激烈，学校名牌效应和学科优势更加凸显，与此相应，作为云南地方师范教育排头兵的云南师范大学教育学部也开始更加重视自己的学科史资源。可以说西南联大师范学院教育学系带着厚重的责任感及岁月沧桑感，从历史的尘埃中向我们走来，责成我们去思考、去回溯。

目前，学术界对战时云南教育的研究，主要偏重西南联大及该校学人，而对其他内迁云南的文教机构，西南联大师范学院内迁教育学人在云南所从事的教育活动、工作的整体研究甚少，对教育学系的课程安排及教育学人的学术研究等相关问题的研究亦甚少。有鉴于此，本书主要以 1938—1946 年内迁教育学人（主要是西南联大师范学院教育学系相关学人）来滇办学、从事教育活动和学术活动为研究线索，以战时云南各级各类教育的扩充、提升、发展为研究重点，以西南联大师范学院教育学系的课程设置、人才培养、学术研究及学生社会服务等问题为主轴，较详细而具体地探析战时西南联大师范学院教育学系的发展脉络、在滇的主要教育活动（包括学术活动、社会服务等）和社会影响，综合运用历史学和教育学的相关研究方法，客观地阐述迁滇教育学人对战时云南教育发展的重大贡献，以对中国抗战教育史研究、云南抗战教育史及云南近现代教育史的研究有所裨益。

整体言之，本书研究之意义，主要体现在以下三个方面。

第一，弥补以往关于迁滇文教机构尤其是教育学科、教育学系发展相关研究的不足。以往学界关于战时迁滇文教机构、学人及其影响的研究，主要集中于西南联大及其教师群体。实际上，教育学学科既是大学学科的一个分支，也是教育科学体系的重要组成部分。曾有学者断言，大学教育系科为教育科学的主要"生长地"，尤其是战时西南联大师范学院教育学系，既具有战时色彩，又保留了传统教育育人的模式，无论是在地理方位还是在历史构成方面，均具有重要意义。西南联大师范学院在抗战大后方极其艰苦的环境之下，汇集了当时国内众多教育学大师，培养出了大批致力于文化教育的有用人才，以教育学系为阵地开展教育科学研究及社会服务，教育学学科的发展带动了教育科学的发展，留下了诸多宝贵的学术财富，在教育学学科史上留下了浓墨重彩的一笔。但以往学术界对此问题普遍未予重视，偶一涉及亦语焉不详，缺乏详细考证。基于此，本书试图挖掘相关史料，全面考察西南联大师范学院教育学系发展概况及相关学人主要的教育活动，以期对其获得相对丰富、完整的认识。

第二，丰富云南教育近代化、云南社会近代化的相关研究。云南教育近代化自清末兴学开始即已启动，但由于地处边疆、战乱频仍、经费不足、先进文化输入有限等，直至抗日战争全面爆发前夕，其教育近代化水平仍非常低。全面抗战时期，得益于战时中国教育文化西移这一大环境的影响，一批重要文教机构和大批学人来到云南，带来了先进的教育理念、思想、方法。在各级政府的支持下，他们开展了各种教育、学术活动和地方服务工作。笔者认为，随着学人迁滇和战时云南教育的发展，这一时期云南社会、云南教育的近代化进程均明显加快，云南这个地处祖国西南边陲的省份，才真正融入了现代文明，进入了现代社会。本书试图为人们认识云南教育近代化进程，尤其是抗日战争时期云南教育的基本状况及发展原因，提供学理化的视角与扎实的材料。

第三，本书主要聚焦于全面抗战时期西南联大师范学院教育学系与云南地方教育这一主题，对教育学人在滇的教育、学术活动与地方服务工作进行详细探析，叙述逻辑采取"人"与"事"相结合的方式。本书的研究在某种程度上有助于重建抗战记忆，促进云南乃至整个西南抗战史的研究，亦可为今天云南乃至西南地区的精神文明建设提供一定的借鉴。

总之，全面抗战时期，一些教育文化机关和学人的迁滇，直接影响了云南省各类教育的发展。在外来学人自上而下、自外而内的推动下，原本广袤而贫瘠的云南地区真正具有了教育近代化的基础，在一定程度上实现了跨越式的发展。抗日战争胜利后，西南联大等外来高校和文教机构迁回原址，但西南联大师范学院却仍留在云南，定名为国立昆明师范学院，后来改称云南师范大学。1946 年，受战时迁滇高校培养英才的影响，私立昆明五华学院（后改名为私立五华文理学院）成立。加上原有的云南大学，战后初期，云南尚有国立云南大学、国立昆明师范学院、私立五华文理学院三所高校。战时迁滇的大多数学人虽复员离滇，但也有少数学人选择留在云南，继续为发展云南教育服务。云南教育文化就此进入了一个相对低潮的时期，但内迁学人的先进教育理念、教学方法及其精神，对云南教育产生了持久且深远的影响。

二、战时云南文教机构及学术界研究现状

战时迁滇并在此办理时间较长、对云南教育和文化影响较大的高级文教机构

主要有四家,即西南联大、华中大学、私立中法大学及国立北平图书馆。中学方面,则以国立华侨第一中学、国立西南中山中学、国立西南联合大学师范学院附属中学为代表。抗日战争时期,这七家以外来学人为主的文教机构,在滇为延续中国文化教育的血脉,艰苦办学。它们积极与云南各级教育机关、学校开展合作,在高等教育、中小学教育、社会教育、边疆教育、学术研究、文化传播等方面做出了不小贡献。例如,在高等教育方面,内迁学人汇集的西南联大,不仅自身在抗日战争期间有很好的发展,还在帮助云南大学改进师资与提高教学水平方面发挥了重要作用。

另外,内迁教育学人组建的教育学系和内迁云南文教机构对云南教育和文化的贡献也颇大。例如,培养云南籍大学生、中学生和各种技术人才;举办云南中小学教师假期讲习会、参与中小学教师进修和培训;协助创办公私立中学、师范学校,增加学校数量;组成师生服务团,开展各种社会教育和抗战宣传、民众扫盲与动员、战地服务等工作;进行社会调查、民族调查、边疆考察,搜集整理出版西南边疆文献、民族文献、抗战文献;举办学术年会,开展时事与学术讲演,普及科学知识、战时知识;等等。这些服务与工作,均对云南教育文化发展产生了非常积极的作用,对唤醒、动员云南民众坚持抗战,乃至改进云南社会风气和促进社会近代化,均起到了不可忽视的作用。

由上简述可见,由战时内迁学人组建的西南联大及其他内迁文教机构对云南教育、文化、社会诸方面均产生过重要的影响。西南联大师范学院教育学系作为中等师资和教育专业人才的培养基地,对云南教育的影响则更加深远。

目前,学术界对西南联大、迁滇教育学人、战时云南教育等问题均有一定的研究。由于这些研究成果均与本书研究主题存在一定的关系,故以下从五个方面予以概述。

(一)关于战时内迁高校相关研究

有关抗日战争时期高校内迁的学术研究,始于20世纪80年代中期,但当时较为直接且全面的研究还较少。直到 20 世纪 90 年代中期，对此问题才有比较全面且深入的研究，且围绕纪念抗日战争胜利 50 周年形成了一个高潮。纵观 20 世纪 90 年代中期以来学术界关于战时内迁高校的研究，大致可以分为两个阶段：第一阶段为 1994—2003 年，是研究全面推进和取得重要成果的阶段，数量多且质量高，为该领域的研究奠定了坚实的基础；第二阶段为 2004—2014 年，该阶段的研究在具体问题与高校个案研究上有了深化及拓展。研究成果大多涉及高校内迁的界定、特点、主要方向、阶段性划分、高校内迁数、区域分布、内迁的意义及影响等问题。[①]此外，这一时期研究者还对抗日战争时期高校内迁的缘起与经过、高校内迁的意义与影响，以及国民政府战时高等教育政策及其对内迁院校的影响进行了进一步讨论。

中国人民政治协商会议西南地区文史资材协作会议主编了关于抗日战争时期我国高校内迁研究的论文集《抗战时期内迁西南的高等院校》。[②]这部论文集收录了诸多史学工作者关于抗日战争时期内迁至西南的中国高校的研究，对各高校迁至西南的时间、迁移路线、形成过程、办学概况、师生的教学、生活状况，以及当地政治经济、文化科教卫生、社会风俗等问题进行了探讨。孟国祥的《烽火薪传——抗战时期文化机构大迁移》一书[③]，全面系统地对战时各文化机构的迁移情况进行了研究，如博物馆、图书馆、出版机构、艺术团体等文化机构。徐辉的《抗战大后方教育研究》一书[④]，主要介绍了抗日战争时期大后方的基础教育、职业教育、高等教育、社会教育、民族教育等发展状况及相关教育政策。金以林等的《大学史话》[⑤]，对清末大学教育萌发、近代大学教育兴起，以及抗日战争时期的大学内迁、恢复及发

---

①　徐国利，汪锋华：《近二十年抗战时期高校内迁研究述评》，《民国研究》，2016 年第 1 期，第 209—222 页。

②　中国人民政治协商会议西南地区文史资材协作会议：《抗战时期内迁西南的高等院校》，贵阳：贵州民族出版社，1988 年。

③　孟国祥：《烽火薪传——抗战时期文化机构大迁移》，北京：商务印书馆，2015 年。

④　徐辉：《抗战大后方教育研究》，重庆：重庆出版社，2015 年。

⑤　金以林，丁双平：《大学史话》，北京：社会科学文献出版社，2000 年。

展均有所涉及。金以林的另一著作《近代中国大学研究：1895—1949》①，则对1937—1945 年高校内迁、恢复及发展做了详细论述。相关研究尚有侯德础的《抗日战争时期中国高校内迁史略》②、王钱国忠的《战时中国高校内迁实录》③、凌安谷等的《交通大学内迁西安史实》④、霍益萍的《近代中国的高等教育》⑤、张宪文等的《中华民国史》⑥，以及田正平等的《中国高等教育百年史论：制度变迁、财政运作与教师流动》⑦、吴民祥的《流动与求索：中国近代大学教师流动研究：1898—1949》⑧等。

有关战时云南地方教育的相关研究成果，亦值得一述。20 世纪 90 年代早期，由于资料的限制，关于战时云南地方教育的相关论述，大多以全景式视角展开。此类成果主要有中国人民政治协商会议云南省委员会文史资料委员会的《云南文史资料选辑　第五十三辑　内迁院校在云南》⑨、夏绍先的《抗战时期云南的教育——内迁院校与云南教育的发展》⑩等。此外，孙代兴等的《云南抗日战争史：1937—1945》（系"云南文库学术名家文丛"之一）⑪，特专辟"云南文化教育在抗战中的发展及抗日民主运动"一章，对抗日战争前云南文化教育概况，云南的高等教育、

---

① 金以林：《近代中国大学研究：1895—1949》，北京：中央文献出版社，2000 年。

② 侯德础：《抗日战争时期中国高校内迁史略》，成都：四川教育出版社，2001 年。

③ 王钱国忠：《战时中国高校内迁实录》，上海：上海书店出版社，2016 年。

④ 凌安谷等：《交通大学内迁西安史实》，西安：西安交通大学出版社，1995 年。

⑤ 霍益萍：《近代中国的高等教育》，上海：华东师范大学出版社，1999 年。

⑥ 张宪文等：《中华民国史》，南京：南京大学出版社，2006 年。

⑦ 田正平，商丽浩：《中国高等教育百年史论：制度变迁、财政运作与教师流动》，北京：人民教育出版社，2006 年。

⑧ 吴民祥：《流动与求索：中国近代大学教师流动研究：1898—1949》，杭州：浙江教育出版社，2006 年。

⑨ 中国人民政治协商会议云南省委员会文史资料委员会：《云南文史资料选辑　第五十三辑　内迁院校在云南》，昆明：云南人民出版社，1998 年。

⑩ 夏绍先：《抗战时期云南的教育——内迁院校与云南教育的发展》，《云南师范大学学报（教育科学版）》，2002 年第 6 期，第 208—211 页。

⑪ 孙代兴，吴宝璋：《云南抗日战争史：1937—1945》，昆明：云南大学出版社，1995 年。

中等教育、初等教育进行了鸟瞰式回顾，并着重探讨了抗日战争时期迁入云南的各大学及其他大专院校对云南高等教育、留学教育、中等教育和初等教育发展推动的具体情况。随着史料档案的进一步发掘，任祥的《抗战时期云南高等教育的流变与绵延》①一书，则以深刻的笔调分析了战时教育思潮、教育宗旨及教育方针、高等教育区域布局的变化、内迁高校及云南地方高等教育的发展状况。该书还重点考察了西南联大等高校在抗日战争时期的办学活动。

在个案研究方面，最具代表性的当属对西南联大与云南教育发展的关注。政协西南地区文史资料委员会的《抗战时期西南的教育事业》（系"抗战时期的大西南丛书"之一）②，收录了西南联大校友关于抗日战争时期滇、川、黔公私立学校筹办和运作情况的回忆文章，其中对昆明市私立中学在抗日战争时期的崛起、西南联大的选课制度及其影响等均有涉及。另有昆明市政协文史学习委员会的《抗战时期文化名人在昆明》③，其收录的关于名人生平事迹、回忆录的文章，均对上述问题有一定涉及。

相关论文大致分为两个方面，既有关于高校整体内迁的研究，也有关于内迁院校的个案研究。如宋恩荣的《抗战时期的教育西迁》④，余子侠的《抗战时期高校内迁及其历史意义》《抗战时期教会高校的迁变》《抗战时期高校联办的历史解析》⑤，张燕等的《抗战时期的高校内迁对中国高校地域性发展的影响》⑥，

---

① 任祥：《抗战时期云南高等教育的流变与绵延》，北京：商务印书馆，2012年。

② 政协西南地区文史资料委员会：《抗战时期西南的教育事业》，贵阳：贵州省文史书店，1994年。

③ 昆明市政协文史学习委员会：《抗战时期文化名人在昆明》，昆明：云南人民出版社，2002年。

④ 宋恩荣：《抗战时期的教育西迁》，《河北师范大学学报（教育科学版）》，1999年第3期，第77—86页。

⑤ 余子侠：《抗战时期高校内迁及其历史意义》，《近代史研究》，1995年第6期，第167—200页；余子侠：《抗战时期教会高校的迁变》，《抗日战争研究》，1998年第2期，第78—97页；余子侠：《抗战时期高校联办的历史解析》，《河北师范大学学报（教育科学版）》，2015年第4期，第12—26页。

⑥ 张燕，胡崇芝：《抗战时期的高校内迁对中国高校地域性发展的影响》，《延安大学学报（社会科学版）》，2005年第6期，第117—120页。

朱之平等的《以"东方剑桥"闻名的浙江大学（1937—1949）》①，徐国利的《抗战时期高校内迁概述》《关于"抗战时期高校内迁"的几个问题》②，马敏的《抗战期间教会大学的西迁：以华中大学和湘雅医学院为例》③，胡瑛的《抗战时期的高校内迁及其意义》④，张成洁等的《论抗战时期高校内迁对西南地区观念近代化的影响》⑤，何方昱的《资源配置与权力之争：以战时浙江大学内迁贵州为中心》⑥等。其中，尤以余子侠的《抗战时期高校联办的历史解析》一文视角独到，从战时高校内迁联办的类型方面进行了详述。余子侠在该文中详细分析了战时高校联办的几种类型——"两校合办"型、"多校联办"型、"一主多附"型，并提出了战时高校联办的三大支持动力，即政府有关政策的支持、迁校所在地社会各界的支持，以及广大师生爱国乐学的精神支撑。该研究指出，战时高校联办不仅充分利用了有限的教育资源，还集中力量培养了国家急需的人才，而且在战时艰苦的条件下提升了教研学术质量，对当时及后来我国高校设置的布局调整亦有深刻影响。

关于这一主题的研究论文，还有朱鸿运的《论西南联大对云南教育文化的影响》⑦，杨绍军的《西南联大与云南现代高等教育》⑧，张洁的《抗战时期西南

① 朱之平，张淑锦：《以"东方剑桥"闻名的浙江大学（1937—1949）》，《浙江档案》，2011 年第 3 期，第 46—49 页。

② 徐国利：《抗战时期高校内迁概述》，《天津师大学报》，1996 年第 1 期，第 56—61 页；徐国利：《关于"抗战时期高校内迁"的几个问题》，《抗日战争研究》，1998 年第 2 期，第 119—133 页。

③ 马敏：《抗战期间教会大学的西迁：以华中大学和湘雅医学院为例》，《华中师范大学学报（哲学社会科学版）》，1996 年第 2 期，第 50—58 页。

④ 胡瑛：《抗战时期的高校内迁及其意义》，《文史杂志》，2005 年第 4 期，第 12—16 页。

⑤ 张成洁，莫宏伟：《论抗战时期高校内迁对西南地区观念近代化的影响》，《贵州文史丛刊》，2002 年第 3 期，第 77—81 页。

⑥ 何方昱：《资源配置与权力之争：以战时浙江大学内迁贵州为中心》，《近代史研究》，2016 年第 1 期，第 106—123，161 页。

⑦ 朱鸿运：《论西南联大对云南教育文化的影响》，《楚雄师专学报（社会科学版）》，1996 年第 4 期，第 74—78，82 页。

⑧ 杨绍军：《西南联大与云南现代高等教育》，《云南社会科学》，2004 年第 6 期，第 130—133 页。

联大对云南中小学教育的影响》①，谢本书的《近代时期西南地区近代化问题的历史考察》②等。闻黎明的《西南联大与云南中等学校师资培养》一文③则涉及西南联大对云南初等教育、中等教育、高等教育发展的影响。他主要根据云南地方发行量最大的报刊《云南日报》的相关记载，对 1938 年与 1939 年西南联大师范学院的云南地方中等学校师资培养进行了详细考察，指出师资班培训讲授的内容，既考虑到了云南中等教育的客观实际，又与中国现代化的发展需要紧密结合。此外，邹源椋等的《抗战时期高校内迁与云南大学的师资建设》④论述了抗日战争时期云南大学与内迁高校合作促进其师资发展的相关举措。

（二）关于战时边疆教育与西部教育开发相关研究

关于"边疆教育"的相关研究，民国时期出版的学术著作，有高长柱的《边疆问题论文集》⑤、黄奋生的《抗战以来之边疆》《边疆政教之研究》⑥、中国边疆学会的《边疆述闻》⑦等。1949 年后，有方铁的《边疆民族史探究》⑧、木桢等的《边疆少数民族地区社会稳定与发展》⑨等。刘学铫的《蒙藏概况》一书，将边疆教育的目的概括为以教育为手段开化并建设边疆，以达到中华民族文化交融

---

① 张洁：《抗战时期西南联大对云南中小学教育的影响》，《楚雄师范学院学报》，2004 年第 4 期，第 66—69 页。

② 谢本书：《近代时期西南地区近代化问题的历史考察》，《云南学术探索》，1997 年第 1 期，第 32—36 页。

③ 闻黎明：《西南联大与云南中等学校师资培养》，《中国国家博物馆馆刊》，2012 年第 10 期，第 106—118 页。

④ 邹源椋，王伦信：《抗战时期高校内迁与云南大学的师资建设》，《高等教育研究》，2019 年第 1 期，第 86—92 页。

⑤ 高长柱：《边疆问题论文集》，重庆：正中书局，1941 年。

⑥ 黄奋生：《抗战以来之边疆》，重庆：史学书局，1943 年；黄奋生：《边疆政教之研究》，上海：商务印书馆，1947 年。

⑦ 中国边疆学会：《边疆述闻》，重庆：正中书局，1943 年。

⑧ 方铁：《边疆民族史探究》，北京：中国书籍出版社，2013 年。

⑨ 木桢，倪慧芳：《边疆少数民族地区社会稳定与发展》，北京：中国社会科学出版社，1997 年。

统一。①然而，以上这些研究成果大多是从具体史实方面进行陈述的，没有进行更深入的学理性论析。

20 世纪 80 年代末 90 年代初，学术界开始对民国时期边疆教育进行理性的分析与评述。其具体的研究主题，又可以分为对边疆教育历史背景的研究、对边疆教育政策的研究、对战时西部教育开发的研究等。

关于边疆教育历史背景方面，有戴逸等的《中国西部开发与近代化》一书。②该书以翔实的史料勾画了近代西部地区开发的历史进程，深入探讨了近代"西部"空间意向的形成、西部开发与民族国家的形成，以及西部开发中的移民问题、西部开发对生态环境变迁的影响等问题。

关于边疆教育政策方面，马廷中则详细考察了教育部（如无特殊说明，本书中的"教育部"皆指国民政府教育部）为发展西南边疆教育而颁布的各类法令文件，如其中 1935 年教育部拟定的《推行西南边疆教育方案》、1941 年公布的《边地青年教育及人事行政实施纲领》等，这些政策在边疆师范学校的设置数量与布点上做了具体规定，同时还制定了相应的奖励办法，并鼓励边疆各地选派青年到内地师范学校学习。③马玉华的《论国民政府对西南边疆及边疆民族的治理》一文，介绍了云南、贵州、四川及西康四省政府出台的边疆师范教育政策，并重点考察了云南省教育厅颁布的《云南省政府实施边地教育办法纲要》《推广边疆教育计划及实施苗民教育计划》《边地简易师范及小学设学概要》《夷民学生待遇细则》等法令的实施背景与影响。④

关于战时西部教育开发方面，研究成果亦颇多。熊贤君的《抗战时期内迁高校的西部开发》⑤一文，着眼于高校内迁对内地进行的经济开发与建设。该文指出，

① 刘学铫：《蒙藏概况》，台北：台湾中华书局，1985 年。

② 戴逸，张世明：《中国西部开发与近代化》，广州：广东教育出版社，2006 年。

③ 马廷中：《民国政府的民族教育政策研究》，《西南民族大学学报（人文社科版）》，2007 年第 7 期，第 5—10 页。

④ 马玉华：《论国民政府对西南边疆及边疆民族的治理》，《中国边疆史地研究》，2008 年第 3 期，第 33—39，148 页。

⑤ 熊贤君：《抗战时期内迁高校的西部开发》，《河北师范大学学报（教育科学版）》，2003 年第 1 期，第 63—68 页。

内迁高校在迁入地积极开展学术研究，传播科学文化知识，培养了大批西部开发所需的人才，为西部开发做了大量奠基性的工作。此文虽已涉及西部地区教育开发，但部分问题稍显简略，并未做更深入的探讨。余子侠等的《中国近代西部教育开发史——以抗日战争时期为重心》①一书指出，一直以来，西部地区的各级各类教育发展面临着各种困境，如教育资源缺乏、基础底子薄弱、发展较为缓慢等，难以满足西部地区对教育不断增长的现实需求。龙光沛的《抗战时期国立贵州师范办学特点》一文，考察了抗日战争期间的国立贵州师范学校，总结出该校具有教育与劳动生产相结合、教学与少数民族教育研究工作相结合、思想教育与抗日宣传教育相结合、教育与军事训练相结合、教育与社会服务工作相结合的办学特点。②任广林的《民国时期的国立贵州师范学校》一文，则介绍了国立贵州师范学校的建校概况与学生情况，从组织机构、创办宗旨、校址与校舍、图书仪器、经费及学生待遇、教导目标和实施方针、生产劳动训练、推广事业等方面进行了论述。③侯德础等的《高校内迁与战时西南科技文化事业》④一文，则对高校内迁对西南地区的科技文化事业的影响进行了探讨。该文指出，由于战时内迁高校及内迁学人深入西南内地，促使西南地区经济文化出现了一段"跳跃式"的发展，但该研究并未涉及高校内迁运动对中国教育现代化进程及西部大开发的影响等方面。

（三）关于战时内迁高校、学术机构在滇情况的研究

抗日战争时期，迁入云南的文化机构、学人、商业机构日益增多，昆明成了继重庆之后大西南又一政治中心和文化中心，这给当时各类广播电台、报刊等文化平台的发展，提供了前所未有的机遇。例如，昆明广播电台在战时启动了外语

---

① 余子侠，冉春：《中国近代西部教育开发史——以抗日战争时期为重心》，北京：人民教育出版社，2008年。

② 龙光沛：《抗战时期国立贵州师范办学特点》，《贵州文史丛刊》，1989年第2期，第135—140页。

③ 任广林：《民国时期的国立贵州师范学校》，《贵州文史丛刊》，1991年第1期，第73—79页。

④ 侯德础，张勤：《高校内迁与战时西南科技文化事业》，《抗日战争研究》，1998年第2期，第105—121页。

节目播放，担负起抗日战争时期国际宣传的重任。其中法语节目与中法大学有着最直接的关系。1940 年 10 月，昆明广播电台正式开始法语播音，担任编播时间较长的是西南联大外文系教授吴达元、中法大学生物系教授夏康农等。这些学人均曾留学法国，精通法语，尽管当时就职的学校不同，但身份均同属战时高校内迁学人。

与中法大学、华中大学等不同，学术界对西南联大的研究兴趣明显浓烈，涌现出了丰富的研究成果。其主要以杨立德的《西南联大教育史》①、杨绍军的《战时思想与学术人物——西南联大人文学科学术史研究》②、封海清的《西南联大的文化选择与文化精神》③、谢泳的《西南联大与中国现代知识分子》④、王喜旺的《大学探究精神的重生与衍化：以西南联大为个案的诠释》⑤、赵新林等的《西南联大：战火的洗礼》⑥、谢慧的《西南联大与抗战时期的宪政运动》⑦等为代表。其中尤以美国学者易社强（J. Israel）的《战争与革命中的西南联大》⑧一书最为引人注目。该书指出，这所大学各个学科的学术水平都在中国教育界处于领先地位，它为中国培养了众多的著名知识分子。这是由于抗日战争期间西南联大地处云南省，国民政府对它的控制相对较松，这使得西南联大在学术研究方面有了较多的自由和自治的权力。

还有部分学者从西南联大精神与文化的双重路径开展研究，提炼出西南联大作为战时一所特殊的高等教育机构的精神内核与内在价值。杨绍军的《战时思想与学术人物——西南联大人文学科学术史研究》，以西南联大的人文学科为

---

① 杨立德：《西南联大教育史》，成都：成都出版社，1995 年。

② 杨绍军：《战时思想与学术人物——西南联大人文学科学术史研究》，北京：社会科学文献出版社，2012 年。

③ 封海清：《西南联大的文化选择与文化精神》，昆明：云南人民出版社，2006 年。

④ 谢泳：《西南联大与中国现代知识分子》，长沙：湖南文艺出版社，1998 年。

⑤ 王喜旺：《大学探究精神的重生与衍化：以西南联大为个案的诠释》，北京：科学出版社，2016 年。

⑥ 赵新林，张国龙：《西南联大：战火的洗礼》，上海：上海教育出版社，2000 年。

⑦ 谢慧：《西南联大与抗战时期的宪政运动》，北京：社会科学文献出版社，2010 年。

⑧ 易社强：《战争与革命中的西南联大》，饶佳荣译，北京：九州出版社，2012 年。

研究中心，重点对西南联大人文学科学术研究者的群体特征、学术研究的成就、学术发展的重要因素进行了相关探讨，选取哲学、历史学、"战国策"学派学术思想、文学、语言学、民族学与人类学六类人文学科进行研究，并得出相关结论。该研究成果认为西南联大学术研究之所以取得重要进展，一方面是由于西南联大的人文学科研究具有较高的学术水平及学术价值；另一方面是由于这些学术研究促进了中国现代学术研究的极大进步，加之研究者以学术报国，蕴爱国、救国情思于研究中，自然体现出了其作为中国近代历史上的知识分子以学术报国的志向。

封海清在《西南联大的文化选择与文化精神》一书中，对我国近代大学的文化选择与文化使命、抗日战争时期中国文化及高等教育的走向、西南联大的主导文化观、影响西南联大文化选择的主要因素、西南联大的文化选择及其教育范式的形成、西南联大精神与启示等方面进行了详细考察，得出的相关结论如下：回顾我国高等教育变迁的历程，实际上是一个文化选择的历程，而西南联大恰是一个值得认真研究的典范。西南联大的"文化选择"是高等教育的基本功能，其在中国高等教育史上创造了教育奇迹，创造了一种为西南联大知识分子群体所认同，并以中国文化为本位、融合中西教育思想的全新的教育范式。其中文化选择的主要传统力量包括两个方面：中国传统文化和学校自身的传统。中国传统文化对西南联大的影响主要体现为儒家培养"君子"人格的人文教育思想和社会本位的教育价值观，而学校自身的传统则包括北京大学、清华大学和南开大学的办学传统。西南联大实施了以人格培养为主要教育目的的教育，并通过通才教育加以强调。该研究成果突出了民族文化主体地位的教育模式和学术自由、教授治校、大学自治的教育管理模式，由此构成了西南联大的总体教育范式。该研究指出，西南联大的文化选择历程具有其代表性范式，主要原因在于西南联大教育范式既吸收了当时欧美的教育思想理念与大学基本思想，具有先进性；又继承了中国传统文化精神，对传统思想资源进行了现代性诠释与转化并应用于西南联大的大学理念建构中。

王喜旺的《大学探究精神的重生与衍化：以西南联大为个案的诠释》一书，以西南联大为个案对大学探究精神的生成机制、结构形态、辐射效应、独特价值等一系列问题进行了梳理、分析，指出了当代大学探究精神重建的路径。谢泳的《西南联大与中国现代知识分子》一书从近代中国大学的变迁与现代中国知识分子的互动入手，探究了二者在近代历史的转换变迁中的相互关系。加拿大知名教育学者许美德（R. Hayhoe）在《中国大学 1895—1995：一个文化冲突的世纪》[①]中，也对抗日战争时期西迁的高校进行了相关研究，指出西南联大各个学科的学术水平在中国教育界都处于领先地位，它为中国培养了众多的著名知识分子。

其他研究，还有南京师范大学贾佳的《中国大学的文化性格——历史的视角》[②]，对以西南联大为代表的一些大学的"精神文化"性格进行了初步探索。储朝晖的《中国近代大学精神史》[③]是较为杰出的一部著作。该书对西南联大的"精神密码"进行了相关考察，有刚毅卓绝、民主治校、兼容并包、自由与竞争并存、严谨治学、通才教育、博大精深等。此外，李洪涛的《精神的雕像：西南联大纪实》[④]，姚丹的《西南联大历史情境中的文学活动》[⑤]，王喜旺的《学术与教育互动：西南联大历史时空中的观照》[⑥]，戴美政的《西南联大军事时局评论 一》[⑦]，杨绍军的《西南联大人物故事集》[⑧]，闻黎明的《西南联大·闻一多：走向现代化的中国知识分子》[⑨]，李光荣的《西南联大文学社团研究》[⑩]，李光荣等的《季节

①　许美德：《中国大学 1895—1995：一个文化冲突的世纪》，许洁英主译，北京：教育科学出版社，2000 年。

②　贾佳：《中国大学的文化性格——历史的视角》，南京师范大学硕士学位论文，2015 年。

③　储朝晖：《中国近代大学精神史》，北京：人民教育出版社，2013 年。

④　李洪涛：《精神的雕像：西南联大纪实》，昆明：云南人民出版社，2001 年。

⑤　姚丹：《西南联大历史情境中的文学活动》，桂林：广西师范大学出版社，2000 年。

⑥　王喜旺：《学术与教育互动：西南联大历史时空中的观照》，太原：山西教育出版社，2008 年。

⑦　戴美政：《西南联大军事时局评论 一》，北京：社会科学文献出版社，2018 年。

⑧　杨绍军：《西南联大人物故事集》，昆明：云南大学出版社，2015 年。

⑨　闻黎明：《西南联大·闻一多：走向现代化的中国知识分子》，北京：人民出版社，2016 年。

⑩　李光荣：《西南联大文学社团研究》，北京：中华书局，2018 年。

燃起的花朵——西南联大文学社团研究》①，张寄谦的《联大长征》②等研究成果，亦对本书写作有很好的借鉴作用。

近年来，关于西南联大的研究又与云南地方高等教育的研究相结合，获得了新的突破。封海清等的《云南高等教育史》③一书，将迁滇的西南联大尤其是师范学院的组建与抗日战争时期云南高等教育的发展进行结合论述，指出迁滇高等院校推动云南高等教育规模得以显著扩大、学科内涵得以丰富、教育入学机会得以倍增，从而人才辈出，带动了云南基础教育的大发展。该书还指出，云南虽然教育资源极度匮乏，但是社会杰出人士却对发展云南地方教育充满了热情与渴望，试图通过教育培植人才以改变落后的面貌。同时，云南社会经济发展水平不高，导致教育基础薄弱，云南高等教育发展主要依赖政府的支持，地方政府教育官员对教育的重视程度对地方教育的盛衰产生了重要影响。

在论文方面，周棉在《中国留美学生与国立西南联合大学》④一文中，分别对留美出身教师与西南联大教师群体的构成、主要贡献、留美出身教师与特殊的校园氛围互动三方面进行了详细考察。为了详细说明互动的具体情况，该文更是配以图表说明留美出身的西南联大教师群体，一方面以弘扬中华民族精神和文化传统为己任，为中华传统文化的传承和民族精神的光大做出了不朽的贡献；另一方面又以开放的视角，传播西方现代的科学文化知识，培养了中国现代一批载入史册的文化学术精英，创造了中国近代高等教育史的奇迹。杨立德在《从西南联大看一流大学的建设》一文中认为，一流大学才能培养一流人才，西南联大堪称我国教育史上的一流大学，"内树学术自由之规模，外有民主堡垒之称号"，为世界所瞩目。作者认为，这所学校的经验值得今日一流大学借鉴。作者还认为，西南联大最值得珍视的教育理念，在于以下四方面：其一，新民教育；其二，通才教育；其三，教授治校；

① 李光荣，宣淑君：《季节燃起的花朵——西南联大文学社团研究》，北京：中华书局，2011 年。
② 张寄谦：《联大长征》，北京：新星出版社，2010 年。
③ 封海清，张磊：《云南高等教育史》，北京：科学出版社，2018 年。
④ 周棉：《中国留美学生与国立西南联合大学》，《清华大学教育研究》，2011 年第 3 期，第 112—119 页。

其四，中西方文化全面交融的思想。恰恰是西南联大实践了这些教育思想，因此也走出了一条独特的办学路子。①李泽民等在《借鉴西南联大办学经验　创建中国特色一流大学》一文中指出，西南联大在我国教育史上占有极其重要的地位。在被迫联合的极端条件下，因有了一流的校领导，提出了一流的教育思想，组建了一流的教师队伍，建设了一流的学科专业，吸引了一流的学生，实行了一流的管理，创造了一流的办学环境，最终取得了卓越成就。这些办学措施为我国创建一流大学提供了经验借鉴和启示。②杨集成在《西南联大对云南的影响》一文中指出，西南联大不是三校简单的算数之和，而是融合三校传统于一炉的大学典范，既有三校共同之处，又有其独特的风格，融会贯通、推陈出新，形成了民主自由、活泼创新、严谨求实、团结实干的新校风。由于教师阵容整齐，学派渊源不同，治学方法各异，学术观点纷然杂陈，风格气度各有特点，讲课中教师善于各抒己见、百家争鸣，使得课程具有很大的竞争性和吸引力。学生能听到不同的见解，领略不同的治学门径，这既有益于优化教学、活跃学术思想、开拓知识领域，又培养了学生善于思考、切磋论辩的学习风气。③

王苹的《西南联大师范学院师范教育的历史研究（1938—1946）》一文，则从师资力量、人才培养机制、实习方式和职后培训方式四个方面，对西南联大师范学院师范教育展开分析，并论述了师范教育的发展情况。该文指出，在西南联大师范学院的协助下，云南省教师职后培训的方式由简单逐渐走向多样化，师范学院与地方政府合作，相继举办了国民学校教师讲习会、中等学校在职各科教员讲习讨论会、中等学校在职教员晋修班等短期培训班，有效地提高了当地教师的知识和业务水平。④

---

① 杨立德：《从西南联大看一流大学的建设》，《云南师范大学学报（哲学社会科学版）》，2000 年第 6 期，第 101—104 页。

② 李泽民，曾小龙：《借鉴西南联大办学经验　创建中国特色一流大学》，《高教探索》，2013 年第 3 期，第 110—114 页。

③ 杨集成：《西南联大对云南的影响》，《云南文献》，1992 年第 22 期，第 13—17 页。

④ 王苹：《西南联大师范学院师范教育的历史研究（1938—1946）》，云南师范大学硕士学位论文，2013 年。

此外，关于西南联大师范学院专题的研究，大多散见于相关著作或论文之中，主要有云南师范大学校史编写组的《国立西南联合大学师范学院的增设和独立》①，张映庚的《国立西南联合大学师范学院教学、科学研究及教学实习》②，刘英等的《西南联大教育系科的发展及启示》③，杨立德的《黄钰生先生在西南联大师范学院》《西南联大师院加强与中学的联系》④，田正平等的《教育史研究中的"神话"现象——以蔡元培和国立西南联合大学为个案的考察》⑤等。

（四）关于战时内迁学人在滇相关教育文化活动的研究

全面抗战时期，云南教育能得到快速发展，除自身力量的推动外，也与内迁高校学人的倡议与力行有着密不可分的关系。

目前，学术界并未有以"内迁学人与抗战时期的滇省教育"为题的任何直接的研究成果，但有一些间接性成果。如学位论文方面，有彭新莲的《内迁学人与抗战时期贵州教育文化》。⑥除此之外，已有研究多是在论述某一内迁高校或学术团体时，在部分内容中涉及内迁学人对云南教育发展的影响与贡献，如蒋冬丽的《战时国立云南大学社会学系研究（1938—1945）》。⑦该文在论及云南大学社会学系时，强调了吴文藻、陶云逵、费孝通等对云南社会学、民族学教育和研究的贡献。

---

① 云南师大校史编写组：《国立西南联合大学师范学院的增设和独立》，《云南师范大学学报（哲学社会科学版）》，1988 年第 2 期，第 97—103 页。

② 张映庚：《国立西南联合大学师范学院教学、科学研究及教学实习》，《云南师范大学学报（哲学社会科学版）》，1988 年第 4 期，第 61—69 页。

③ 刘英，侯怀银：《西南联大教育系科的发展及启示》，《大学（研究与评价）》，2009 年第 6 期，第 58—63 页。

④ 杨立德：《黄钰生先生在西南联大师范学院》，《云南师范大学学报（哲学社会科学版）》，1991 年第 2 期，第 80—85 页；杨立德：《西南联大师院加强与中学的联系》，《云南师范大学学报（哲学社会科学版）》，1994 年第 3 期，第 78—81 页。

⑤ 田正平，潘文莙：《教育史研究中的"神话"现象——以蔡元培和国立西南联合大学为个案的考察》，《高等教育研究》，2017 年第 4 期，第 76—82 页。

⑥ 彭新莲：《内迁学人与抗战时期贵州教育文化》，中山大学博士学位论文，2016 年。

⑦ 蒋冬丽：《战时国立云南大学社会学系研究（1938—1945）》，华中师范大学硕士学位论文，2018 年。

田文军在《冯友兰与西南联大》一文中提出，冯友兰以哲学家、哲学史家著称于世，但也是一位教育家。冯友兰当时为西南联大文学院院长，坚持民主办学的理念，以丰硕的学术成果教书育人，培植西南联大的人文精神，服务中国人民的抗战事业，为西南联大的建设做出了重要贡献。冯友兰的教育思想与教育实践，为人们提供了另一个重要的"冯学"研究课题。①

另有一部分研究成果涉及高校内迁学人的日常生活。如李巧宁等的《抗战期间内迁高校学生的日常生活——以西南联大和西北联大为例》②，闻黎明的《"跑警报"：西南联合大学战时生活研究之一》③，陈海儒的《"跑警报"背景下的西南联大教授》④，张红的《抗战中内迁西南的知识分子》⑤，姜良芹的《抗战时期高校教师工资制度及生活状况初探》⑥等。其中，张红的《抗战中内迁西南的知识分子》⑦一书，通过研究内迁西南进步知识分子开展的丰富抗战文化活动，展示了中国知识分子在抗日战争特殊历史时期不断走向成熟的历程，分析了抗日战争与中国知识分子成长的关系，从文化层面揭示了中国人民能够夺取抗日战争伟大胜利的重要原因。

（五）关于近代教育系科、师范教育的相关研究

学术界对 20 世纪上半叶大学教育系科的研究，早在 20 世纪 90 年代就有所涉

① 田文军：《冯友兰与西南联大》，《南阳师范学院学报（社会科学版）》，2006 年第 1 期，第 1—4、13 页。

② 李巧宁，陈海儒：《抗战期间内迁高校学生的日常生活——以西南联大和西北联大为例》，《甘肃社会科学》，2011 年第 6 期，第 202—206 页。

③ 闻黎明：《"跑警报"：西南联合大学战时生活研究之一》，《史学月刊》，2007 年第 7 期，第 49—54 页。

④ 陈海儒：《"跑警报"背景下的西南联大教授》，《重庆交通大学学报（社会科学版）》，2007 年第 4 期，第 86—90 页。

⑤ 张红：《抗战中内迁西南的知识分子》，南昌：江西人民出版社，2004 年。

⑥ 姜良芹：《抗战时期高校教师工资制度及生活状况初探》，《南京师大学报（社会科学版）》，1999 年第 3 期，第 53—59 页。

⑦ 张红：《抗战中内迁西南的知识分子》，南昌：江西人民出版社，2004 年。

及。郑金洲在《我国教育系科发展史略》一文中，较早地对教育系科的发展进行了研究。他将 20 世纪上半叶中国教育系科的发展主要分成两个阶段：其一，萌芽时期（20 世纪初至 20 世纪 20 年代），这一时期中国并没有马上开始设置教育系科，师范学校开设的教育学课程与编撰的教材可以看作中国教育系科的萌芽；其二，形成时期（20 世纪 20—40 年代），这一时期教育系科开始在一些大学设立，各个大学的教育系科设置有所不同，课程设置方面或多或少存在着一些问题，大学教育系科的课程设置在批评声中逐步调整。在回顾历史的同时，他指出政府部门对中国教育系科发展轨迹的重视，对教育系科发展的影响较大，中国教育系科由此经历了"欧美式"—"苏式"—"本土化"的发展历程，教育系科培养目标也逐渐向社会需求靠拢，设置的课程不断增多。①

此后，国内学界研究者围绕教育系科这一主题相继发表了一些研究成果。项建英对近代中国大学教育学科的设置模式进行了研究。她指出，近代中国大学教育学科首先是在清末优级师范学堂和民初教会大学崛起，后借鉴日本、美国的教育体制，形成了以国立高等师范和综合性大学为主体的"双轨制"，最终形成了以教会大学、私立大学、独立教育学院及独立师范专科学院为辅的"多元化"格局。②民国时期，综合性大学教育学科的研究方兴未艾。项建英的另一文《近代中国大学教育学学科课程设置进路论略》③，试图通过课程设置的演进理论窥探中国教育学学科的学术发展轨迹，从而揭示教育学学科近代化历程。她指出，民国初期综合性大学设置教育学科的数量较少，但伴随着"高师改大"的运动开始设置教育系科，最突出的则是学术性的提升，综合性大学进行教育学科的学术研究过程中促进了教育学科的发展，为促进教育学科近代化贡献了自身的力量。她

---

① 郑金洲：《我国教育系科发展史略》，《华东师范大学学报（教育科学版）》，1999 年第 4 期，第 39—55 页。

② 项建英：《论近代中国大学教育学科设置模式嬗变》，《江苏高教》，2009 年第 3 期，第 139—142 页。

③ 项建英：《近代中国大学教育学学科课程设置进路论略》，《高教探索》，2015 年第 7 期，第 97—100 页。

认为随着课程设置的增加和丰富，许多学者对课程设置的形成进行归纳整理，并形成了一定的学科课程体系，如任教于西南联大教育学系的罗廷光、陈友松等。对此论题，霍益萍指出，1922 年的"高师改大"运动最终促成了我国综合性大学的教育系及教育学院的出现，它们承担起了教育科学的引进、传播、创新及培训师资的任务。①

侯怀银等在《民国时期大学教育系科变迁研究》一文中指出，民国时期大学教育系科经历了产生时期（1912—1920 年）、形成时期（1921—1937 年）和发展时期（1938—1948 年）三个主要阶段。高等师范学校开设教育学课程是大学教育系科产生的先声，大学教育系科始于 1915 年北京高等师范学校教育专攻科的开设。教育系科从无到有，主要得益于国家政策推动、设置经费投入、师范教育兴起、教育学科发展需要、归国留学生推动等。教育系科演变的特征是：教育系科集中于高等师范学校，主要目标为培养师资，其课程和教材取材于国外，尤其是模仿日本，教师以留学生为主，渐重学术研究。中国大学教育系科步入形成阶段，主要是仿美，且集中于综合性大学，承担的任务全面，公私立大学培养目标各有侧重，注重学术研究，教师队伍中留学美国者居多。1938 年，中国大学教育系科进入发展阶段，特征为大学教育系科继续发展、独立学院教育系科增多、课程设置有了统一的参照标准。当今中国大学教育系科要获得进一步发展，可以从注重构建大学教育系科发展模式、提升其地位、合理分布、根据大学特色确定职能及提升教育系科教师队伍素养等方面着力。②刘海峰等在《综合性大学教育学科的发展与作用》一文中指出，中国的综合性大学与师范大学教育学科，经历了一个由合到分、由分到合的发展历程，反映了我国综合性大学教育学科艰难曲折的发展历史。③

---

① 霍益萍：《中国近代高等师范教育发展史略（1902—1949）》，《教师教育研究》，1989 年第 1 期，第 67—74 页。

② 侯怀银，李艳莉：《民国时期大学教育系科变迁研究》，《中国教育科学》，2016 年第 3 辑，第 158，159—175，201—202 页。

③ 刘海峰，袁浪华：《综合性大学教育学科的发展与作用》，《高等教育研究》，2020 年第 5 期，第 44—53 页。

　　也有论者对中国近代大学具有代表性的教育系科进行了个案讨论。例如，郭戈对抗战前河南大学教育学系的教育教学进行了研究。①侯怀银等对大夏大学教育系科的发展进行了研究，指出大夏大学教育系科经历了教育科、教育学院、文学院下设教育学系及重设教育学院四个阶段。②笔者等的《移植与范式转型：20世纪二三十年代教育学科建设之历史考察——以北京高等师范学校为例》一文，以北京高等师范学校为核心进行讨论，指出北京高等师范学校教育学科的嬗变过程不仅是中国教育学科发展的旗帜，也深刻地影响了中国百年的教育变革。这百余年教育学科的发展史代表着中国师范教育的发展，尤其见证了高等师范教育的发展。在近代高等教育"后发外生"的变迁背景之下，北京高等师范学校教育学系秉承了西学与固本相结合的学科方针、劳作与研习相结合的课程设置原则，并聘请部分留美人士任教，促进了中国教育学科的发展，也对师范教育近代化进程产生了重要影响。③

　　这方面的研究还有范晓婷等的《山东高等师范教育的历史沿革及影响——兼论山东师范大学发展史》④、项建英的《民国时期综合性大学教育学科论略——以中央大学、北京大学为个案》⑤、孙邦华等的《理想与现实之间：燕京大学教育学科初期创办史论》⑥、孙元涛等的《东南大学与中国现代教育学的创建——以东大留美归国教育学者为中心的考察》⑦、韩戍的《失败的整合：国民政府教育部对

①　郭戈：《抗战前河南大学教育学系教育教学情况研究》，《河南大学学报（社会科学版）》，2005年第6期，第141—147页。

②　侯怀银，李艳莉：《大夏大学教育系科的发展及启示》，《华东师范大学学报（教育科学版）》，2011年第3期，第82—90页。

③　张睦楚，孙邦华：《移植与范式转型：20世纪二三十年代教育学科建设之历史考察——以北京高等师范学校为例》，《教育理论与实践》，2014年第31期，第13—17页。

④　范晓婷，张茂聪：《山东高等师范教育的历史沿革及影响——兼论山东师范大学发展史》，《山东师范大学学报（人文社会科学版）》，2018年第6期，第101—115页。

⑤　项建英：《民国时期综合性大学教育学科论略——以中央大学、北京大学为个案》，《高教探索》，2006年第5期，第79—82页。

⑥　孙邦华，郭松：《理想与现实之间：燕京大学教育学科初期创办史论》，《教育文化论坛》，2020年第2期，第1—9页。

⑦　孙元涛，刘伟：《东南大学与中国现代教育学的创建——以东大留美归国教育学者为中心的考察》，《高教探索》，2020年第1期，第87—91页。

上海高校的院系调整》①、肖菊梅等的《近代中国教学论的发展历程考述》②、田正平等的《国民政府初期对高等院校教育学院（系）的整顿——以 1931—1936 年为中心的考察》③等。

关于近代师范教育的研究，主要有马啸风的《中国师范教育史》④。该书主要按照时间的线索，介绍了我国师范教育的发展历程，分别从不同的视角阐述了中国师范教育的一系列变革。该书在厘清基本史实的基础之上，总结了师范教育的根本问题，为 21 世纪教师教育研究提供了历史背景简介。崔运武的《中国师范教育史》⑤，杨之岭等的《中国师范教育》⑥，均详细论述了中国师范教育的现状及存在的问题，以及改革与发展的设想。

此外，还有北京大学、清华大学、南开大学、云南师范大学联合出版的《国立西南联合大学史料》⑦，王学珍等的《北京大学纪事：1898—1997》⑧等。曾煜的《中国教师教育史》⑨一书，将我国的教师教育发展历程划分为萌芽期、发展期、衰退期、恢复期、曲折发展期等，其中将民国时期的主要师范学院专列成章，如国立师范学院、国立西北师范学院、国立西南联合大学师范学院等。该书还对西南联大师范学院的成立、办学宗旨、课程设置详情、学生实习规程、师资配备等方面做了相关研究。西南联合大学北京校友会的《国立西南联合大学校史—— 一九三七年至一九四六年的北大、清华、南开》⑩一书，对西南联大师范学院的历史沿革做了

---

①　韩成：《失败的整合：国民政府教育部对上海高校的院系调整》，《史林》，2020 年第 1 期，第 153—168、221 页。

②　肖菊梅，李如密：《近代中国教学论的发展历程考述》，《教育学报》，2016 年第 6 期，第 23—31 页。

③　田正平，陈玉玲：《国民政府初期对高等院校教育学院（系）的整顿——以 1931—1936 年为中心的考察》，《高等教育研究》，2012 年第 9 期，第 80—89 页。

④　马啸风：《中国师范教育史》，北京：首都师范大学出版社，2003 年。

⑤　崔运武：《中国师范教育史》，太原：山西教育出版社，2006 年。

⑥　杨之岭，林冰，苏渭昌：《中国师范教育》，北京：北京师范大学出版社，1989 年。

⑦　北京大学，清华大学，南开大学等：《国立西南联合大学史料》，昆明：云南教育出版社，1998 年。

⑧　王学珍，王效挺，黄文一等：《北京大学纪事：1898—1997》，北京：北京大学出版社，1998 年。

⑨　曾煜：《中国教师教育史》，北京：商务印书馆，2016 年。

⑩　西南联合大学北京校友会：《国立西南联合大学校史—— 一九三七年至一九四六年的北大、清华、南开》，北京：北京大学出版社，1996 年。

详尽研究。其中，关于师范学院与西南联大其他学院的不同特色、系所开设的课程、学生学习学制与年限、相关主任导师、上课具体形式及师生间的沟通等，均有相关史料列入。该书附录部分列有 1938—1946 年西南联大师范学院教育学系本科毕业生的详细统计，包括毕业生姓名、转学生及借读生名册等，这为本书的研究提供了绝佳的史料。杨立德的《西南联大教育史》[①]一书，主要考察了北京大学、清华大学、南开大学的教育文化大迁移，西南联大在昆明草创急就办学，西南联大的办学宗旨与培养目标、校歌及校训，西南联大教授的聘任及人才奖励机制，西南联大的学分制与课程设置，西南联大的人才培养与服务设施，西南联大的科学研究、学生自治社团、卓越的人才培养实效及西南联大的结束和北返等。该书搜集了一些重要档案，可为后人研究提供某些借鉴。

以上所述学界有关近代大学教育学系的研究，为本书的研究提供了一定的研究基础。这部分研究成果对中国近现代教育系科的发展脉络进行了宏观描绘，为我们勾勒了一幅教育系科发展整体框架图景，并且对部分设置教育学科的大学进行了个案研究。最重要的是，既有研究成果有助于本书更切实地结合当时大学教育系科所处的外部历史大环境，全局性地讨论近代大学教育学系尤其是战时国立师范学院下设的教育学系变迁过程中的一些问题。

总之，目前学术界有关内迁高校、内迁学人、战时云南高等教育、近代大学教育系科等问题的研究较为丰富，但在特殊史料运用等方面，仍有一些不足。

三、本书研究涉及的关键词

本书的研究对象是置于抗日战争时期的西南联大师范学院教育学系，严格上来说，这一时期的西南联大师范学院研究关涉内迁地区的互动、内迁学人的活动与影响等关键问题，因此需要对相关的关键词予以必要的说明。

---

① 杨立德：《西南联大教育史》，成都：成都出版社，1995 年。

1）内迁地区。学者潘洵在《论抗战大后方战略地位的形成与演变——兼论"抗战大后方"的内涵和外延》一文中认为，抗战内迁的空间地域大致可分为核心地区（重庆、四川）、拓展地区（西南的云南、贵州、广西等，西北的陕西、甘肃、宁夏等）、外围地区（上述地区以外的国民政府控制地区）。需要指出的是，抗战内迁地区是一个相对于前方而言，且随着时间的推移，其空间会随之变化的动态概念。①

2）学人。学人（即"知识分子"或"士"），指的是有一定文化科学知识的脑力劳动者，是专门从事知识创新、文化产品创造及知识文化传播的一类群体，是文化的创造者、传承者。从学历来说，至少应是国内专科以上学校毕业或有留学经历。中国学人具有爱国主义的传统及爱国献身精神，每当国家面临危亡、民族生存受到威胁时，不少知识分子秉承"以天下为己任"之道，毅然投笔从戎，做到"武死战、文死谏"。尤其是近代帝国主义的侵略，更是增强了知识分子的民族感，他们立志为国家强盛、民族独立而献身。

3）师范教育。"师范"一词，最早源于拉丁文"norma"，原意为木工的"矩规""标尺""图样""模型"，都是"规范的意思"。师范教育即为中小学水平的教师提供准备的一些正式的项目、培养师资的专业教育。②"师范教育"的概念产生于20世纪30年代左右的美国。当时，一些美国学者认为传统的一次性师范教育已经过时，无法完全满足社会需求，因而强烈要求对教师进行终身性的教师教育变革。随后，德国、日本等也先后掀起了实施教师教育变革的风气。在中国，传统意义上的师范教育，其核心与重心主要是教师的职前培训，主要采用的是"封闭型"（独立型）培育模式。③20世纪90年代，随着终身教育理念的兴盛，培育教师的机构已不再局限于师范院校，教师学习的过程也逐渐涵盖了职前、入职与职后阶段，过去

---

①　潘洵：《论抗战大后方战略地位的形成与演变——兼论"抗战大后方"的内涵和外延》，《西南大学学报（社会科学版）》，2012年第2期，第5—13，173页。

②　教育大辞典编纂委员会：《教育大辞典　第2卷　师范教育　幼儿教育　特殊教育》，上海：上海教育出版社，1990年，第3—4页。

③　王克勤，马建峰，盖立春等：《师范教育的转型与教师教育发展》，《教育研究》，2006年第4期，第76—79页。

只重视职前教育的"师范教育"概念已经无法完全诠释此种理念，于是"教师教育"的概念逐渐被理论界引入。

国务院在 2001 年颁布的《关于基础教育改革与发展的决定》中，正式使用了"教师教育"这一概念。在中国，师范教育已经有了百余年的发展历程，但"教师教育"概念当代才被引进并获得发展。从理论上分析，与教师教育相比较，师范教育比较突出职前的教师培养过程，而教师教育则更为强调全过程的、全面的、终身教育的理念。因此，可以说教师教育是师范教育的延续与拓展。从本书关注的历史阶段及具体历史事件来看，研究的时间阶段为 1938—1946 年，此时中国尚未完全引入并使用现代意义上的教师教育的概念。本书涉及的"师范教育""师范院校"，具体指的是近代时期自有师范教育的核心体系，从历史角度来看，将彼时教育界所称的"师范教育"作为高等师范教育与中等师范教育的整体进行讨论。

4）教育学系。本书涉及的"教育学系"，又可称为"教育系"，其初始阶段为教育学理论和教育教学研究机构，经过发展后，部分"教育学系"成为"教育学院"，其功能及影响得到了较大拓展，并不限于教育学理论研究，还包括教育学相关的实践研究。因而在本书中统称为教育系或"教育学系"，是根据教育学原理而运用的。早期，教育系大多包括从哲学分化出来的两个系，其一为心理系，其二为教育系，剩余部分则为新的哲学系。从性质上来看，自实用主义思想在全世界得到广泛传播之后，教育学系逐渐具有了"实用主义"的色彩与性质。此后，在实用主义思潮没落及大学对地方服务内涵要求逐渐兴起的现实影响下，教育学系进而扩充成为新的教育学院，就不再是以单纯的教育学原理为研究目标的机构，而是扩展成为以教育为研究目标的机构。本专业学生主要学习教育科学的基本理论与基本知识，并接受教育科学研究的基本训练，掌握从事教师工作的基本技能。教育学系，旨在培养具有良好思想道德品质，掌握人文和社会科学基本知识、扎实的教育和心理学科基础知识，牢固的教育学专业知识，具有较高教育理论素养和较强教育工作能力的中初等院校师资、中小学校教育科研人员、教育科学研究单位研究人员，以及各级教育行政管理、咨询与辅导人员和其他教育工作者。

5）边疆教育。"边疆教育"一词出现较晚，但是其涉及的对象很早就已初具雏形。民国时期，政府将辽阔的边疆地区作为对象而制定特殊教育政策。但在民国初期，并未明确地从政策层次上提出"边疆教育"，而是以"蒙藏教育"来概括少数民族教育的全部内容。国民政府的边疆教育政策，其涵盖的范围是：蒙藏及其他各地语言文化具有特殊性质者，一律施以"边地教育"。根据这一界定，边疆教育并不只是针对地处边疆的少数民族，还包括云南、贵州、甘肃、青海、宁夏等在交通、教育、文化、经济、政治上比较特殊的地区，其目标在于实现边疆与内地文化的统一。从时段上来看，边疆教育的概念是在抗日战争全面爆发前夕正式提出的，而边疆教育政策在边疆地区的全面推行是在抗日战争全面爆发前后。抗日战争全面爆发前，政府在边疆教育方面仅以"蒙藏教育"指代整个少数民族教育，但实际上蒙藏地区并不能覆盖所有边疆地区。此后，边疆教育的范围，已经突破了原有几个少数民族分布的范围。1934年，国民政府将分校的设置延伸到云南大理等西南民族地区。不过，当时国民政府所谓的边疆，基本上还是以北部、西部边疆地区为主，广大的西南地区并未在边疆教育重点发展的范围之内。

四、本书的研究路径及架构

本书属于教育历史研究，文献与资料是教育历史研究的前提和基础，本书研究力图尽可能多地搜集相关文献与资料，在此基础上进行分析与解读，进而探讨战时内迁学人与云南省地方教育互动的情况。研究时间主要集中于抗日战争全面爆发前后，因此文献与资料主要集中于这一时期与主题相关的中外文历史报刊、论著、文集、个人日记、传记、回忆录等。笔者对相关资料进行广泛搜集整理，并通过对资料的条分缕析，从中发掘、解读所需信息。另外，本书还运用了个案研究法。个案研究法又称个案法、案例研究法，是指通过对具体事件或对象的研究，在充分认识问题特殊性的基础上来考虑普遍性意义的一种研究方法。在研究中，除了从云南战时地方教育纵向方面进行相关考察，还应着重选取各重要历史时间进行研究。在内迁教育学人的选取上，本书则集中于汪懋祖与陈友松，论述二者边疆教育思想的实践与师范教育在民族地区发展的具体情况。同时，对内迁学人的地方教育服务的考察，则以各类师资晋修班、暑期中等学校各科师资讲习会、西南联大师范学院教育学系"生活教育团""边疆教育考察团"等为个案，深刻分析内迁教育学人与地方互动方面的具体事例，反映当时地方教育各方面的发展状况，以达到知微见著的效果。

本书的研究内容如下：以 1938—1946 年西南联大师范学院教育学系的内迁学人来滇办学、从事教育活动为研究线索，以战时云南省各级各类教育的扩充、提升、发展为研究重点，论从史出、史论结合，较为详细而具体地呈现战时迁滇学人的总体数量、在滇的主要教育活动和主要影响，以全面铺陈及个案研究相结合的手法，客观地叙述迁滇学人对战时云南省教育发展的重大贡献及影响。

第一章主要讨论西南联大师范学院教育学系成立的背景与初创过程，主要包括国民政府成立以来至抗日战争时期云南省教育的基本情况、抗日战争时期师范教育的发展历程、云南的师范教育等问题。

第二章主要讨论西南联大师范学院教育学系发展过程中教学育人与教师科学研究的问题。本章分析了教育学系课程设置的具体思路、特征和育人模式的创设，同时兼顾"人-事"的互动，分析了教育学系的主要师资情况，并讨论了教育学系教师与滇省报刊业的互动、内迁学人与滇省空中广播等问题，同时详述了西南联大师范学院教育学系教师在教学之余开展的教育讨论和研究等。

第三章主要讨论西南联大师范学院教育学系的地方教育服务，重点讨论师范学院教育学系发展过程中的社会服务问题。具体而言，包括举办在职教员进修班和暑期学校各科教员讲习讨论会、师范学院教育学系设置附属学校等。

第四章主要讨论西南联大师范学院教育学系学生在滇的地方教育服务。限于资料搜集难度大，本章主要以西南联大师范学院教育学系的学生暑期"生活教育团"为个案，讨论教育学系学生的地方教育服务问题。

第五章主要对西南联大师范学院教育学系的代表教员进行个案研究，聚焦于陈友松、汪懋祖与抗日战争时期的边疆教育等相关问题。

第六章主要讨论战后西南联大复员、原师范学院改称国立昆明师范学院后教育学系的沿革问题。本章讨论了复员前后教育学系人员的分配、北返过程，进一步厘清了师范学院留昆前后的政策设定，同时进一步梳理了教育学系在地方合格师资培育方面取得的主要成效。

第一章

星火之燎原：西南联大师范学院
教育学系肇始及初创

1937 年，因受战事影响，全国大部分省区的学校被迫停办，教育危机促使国民政府出台一系列应对措施，改革已有的高等师范教育学制、课程与教育法令，维持教育的正常开展，以继续发挥师范教育的功能，进而充实民族的力量。对此，国民政府提出了"战时须作平时看"的教育主张，强调平时教育要兼顾战时教育的特殊需要，而战时教育也要考虑到平时教育的长远发展，试图在"抗战"与"原有教育生态系统"之间找寻一条适合中国教育发展的路径。教育乃立国之本，促进师范教育的发展、急速增设高等师范学校充实师范教育设施、调整师范学校课程等，成了国民政府战时挽救教育的重要举措。

第一节　全面抗战时期国民政府调整师范教育政策的背景

一、全面抗战时期的师范院校与教育学院

从历史背景来看，全面抗战时期，几所国立师范学院的设立，在外因上，是由于抗日战争爆发之后，日寇怀着摧毁中华民族共同体意识与文化传统甚至奴化中国文化的险恶用心，有意识地对沦陷区的师范教育进行大肆破坏和奴化改造，当时的教育部为粉碎其阴谋，在高等师范教育阶段提出了相应的应对措施；在内因上，是战前高等师范教育日渐萎缩，导致中等教育师资数量不足、质量下降，社会各界均认识到了设立师范学院的必要性。

1937 年，日本帝国主义发动全面侵华战争，我国教育事业受到极大影响。当时，国内仅存的数所高等师范学府均相继沦陷，如平津地区受破坏最为严重的河北省立女子师范学院与国立北平师范大学。相关史料记载："……楼房毗邻，多为最近二三年新建之大厦，二十九日午间，即遭日军大炮飞机轰炸，片时间沿天纬路之大楼，全部焚毁，该处本系教职员宿舍、院长及各课办公室、陈列室，因是一切文件、重要纪[①]录，悉焚于火，数十年来学生优良成绩，无一存余，其旁之师大中部大楼亦遭波及，教室设备及理化仪器、教材标本，皆化灰烬，自下午二时至晚六时止，先后中大小炮弹炸弹不少数十，各部燃烧弹至深夜未熄，该院院长齐壁亭及教务主任胡君欲设法挽救，终以火势太大，至次日率数名职工前往探视，忽遇十余日兵，正在该院各处用机枪射击，将余留各项破坏无遗，因此损失奇重，至今未能确实估计，河北工学院亦遭日军轰炸，惟损失

---

①　应为"记"。——引者注。

不若南开及女师之巨。"①

平津沦陷之后，国立北平师范大学即被日军军部视为"抗日思想之巢穴"而遭强行封闭解散，日军占驻该校理学院，后来又占驻该校文学院，教职员及学生纷纷移徙。对于校中什物，任意破坏，或生活炊饭，或遗弃满地，并运走物理系的无线电机，学生私人书籍、行李之存置学校库房者，亦多毁弃。日寇除对沦陷区的民族师范教育进行大肆破坏之外，还加紧推行其奴化师范教育措施。针对日伪军队的险恶用心，国人对高等师范教育的重要性有了更深刻的认识，"良师救国"的呼声日渐高涨，在整个民族教育做出全面应对的形势之下，对高等师范教育必然也要采取相应的措施，在生存中求得发展。②

除了以上学校受到影响以外，还有部分独立设置的教育学院和附设于大学中的教育院系受到了影响。从性质上来说，这些独立设置的教育学院与附设于大学中的教育院系的主要任务是培养中等师范学校教育、心理学科教员和地方教育行政、社会教育、民众教育、乡村教育等人员，严格地说，也应该属于高等师范教育的范畴。1937 年，全国设有教育学院的公私立大学有中央大学、山东大学、暨南大学、东北大学、厦门大学、大夏大学、沪江大学、辅仁大学等 20 多所。此外，还有江苏省立教育学院、湖北省立教育学院、四川省立教育学院等，其中部分院校因所在地区沦陷而被迫关闭或四处迁徙，尤其是教育学院大多受到影响，除一部分无力为继而撤销以外，其余大部分也因经费、生源不足而规模日减或时办时停。因此，彼时整个中国高等师范教育无疑处在生死存亡的危急关头。③

笔者依据相关资料，对战时部分教育院系相关情况进行了梳理，表 1-1 为不完全统计。

---

① 《冀女师院全院被炸毁》，《申报》，1937 年 8 月 3 日，第 2 版。
② 冉春：《抗战时期国立师范学院的设立及其历史评析》，华中师范大学硕士学位论文，2004 年，第 4 页。
③ 余子侠：《抗战时期高校内迁及其历史意义》，《近代史研究》，1995 年第 6 期，第 167—200 页；余子侠：《抗战时期教会高校的迁变》，《抗日战争研究》，1998 年第 2 期，第 78—97 页。

表 1-1　部分战前教育学院系战时变化表

项目	具体内容
战时停办的教育院系	暨南大学教育学院、山东大学教育学院、东北大学教育学院、沪江大学教育学院、辅仁大学教育学院、湖南大学教育学系、广东国民大学教育学系、东吴大学教育学系、齐鲁大学教育学系
战时合并改组的教育院系	中央大学教育学院、大夏大学教育学院、北京大学教育学系、清华大学教育学系、中山大学教育学系、四川大学教育学系、浙江大学教育学系、南开大学教育学系、江苏省立教育学院、湖北省立教育学院

资料来源：冉春：《抗战时期国立师范学院的设立及其历史评析》，华中师范大学硕士学位论文，2004年，第 4 页

二、全面抗战时期师范学院制度的创立

全面抗战之后，师范学院的发展迎来一个新的契机，不再延续抗日战争早期停办、迁转、合并的"被动状态"，而是稍有改观，这主要是得益于 1938 年教育部颁布的《师范学院规程》。《师范学院规程》对战时教育学院的重新设置做出了相关规定，这一时期也成了师范学院发展的高潮时期。同时，在人事方面，这一时期政府对师范学院发展的重视，尤其是大批欧美学成归国的知识分子的积极参与，使得战时师范学院得到了较大的发展。

《师范学院规程》中对师范学院的增设与实施方针等方面做出了如下规定：

第一条　师范学院以遵照中华民国教育宗旨及其实施方针，养成中等学校之健全师资为目的。

第二条　师范学院单独设立或于大学中设置之，得分男女两部并得筹设女子师范学院。

第三条　独立或大学师范学院由教育部审查全国各地情形分区设立之。

第四条　师范学院应协助所划区内教育行政机关研究、辅导该区内之中等教育。

第五条　师范学院应与所划区内教育行政机关通盘考查该区内中等教育师资之需要，为有计划之招生。①

---

① 《师范学院规程》，《教育公报》，1938 年第 8 期，第 10—17 页。

由上可见，关于师范学院的设置，教育部主张既可以单独设置，也可以在综合大学中设置，各师范学院应协助所划区内的教育行政机关，开展研究、辅导该区内的中等教育，并全盘考察该区内中等教育师资的需要，有计划地进行招生。同时，《师范学院规程》也对高等师范教育做出了重要部署，并适合抗战建国之需要，奉行政院令核准施行，此方案之一即在国内各地设立国立师范学院六所。同时，全国应划分为若干师范学院区，各师范学院负推进所属区内各省市中等教育之责任，在战事未结束前，现时师范学院暂以其所在省及邻省为师范学院区。由此可见，教育部力图从顶层对师范学院的设置进行设计，通过行政力量大力扩展高等师范教育，以期提升内迁地区中等师资训练的规模和水平。截至1941年，全国国立性质的师范学院设置情况如表1-2所示。

表1-2　全国国立师范学院一览（截至1941年）

师范学院名称	校址	院长	备注
国立师范学院	湖南安化蓝田	廖世承	独立设置
国立中央大学师范学院	四川	许恪士	由国立中央大学教育学院改设
国立西北师范学院	陕西城固	李蒸	由西北联大师范学院改为独立设置
国立西南联合大学师范学院	云南昆明	黄钰生	由西南联大教育系与云南大学教育系合设
国立浙江大学师范学院	贵州遵义（广西、贵州）	王琎	由浙江大学教育系改设
国立中山大学师范学院	广东坪石（广东、福建）	齐泮林	由中山大学教育系及教育研究所改设
国立女子师范学院	四川江津白沙	院长谢循初	独立设置
国立四川大学师范学院	四川峨眉	筹备主任黄建中	

资料来源：《全国国立师范学院一览》，《中等教育季刊》，1941年第1期，第9页

表1-2在一定程度上反映了战时师范学院的建设情况。大体而言，呈现出了两方面的特点：其一，国立师范学院的设立地点，多以战时大后方地区为中心。随着沿海东部地区的相继沦陷，大量高校迫于战况内迁，这为战时大后方的师范教育发展带来了难得的契机；其二，战时师范学院的设置一方面主张"独立设置"，如国

立师范学院、国立女子师范学院、国立四川大学师范学院等；另一方面亦鼓励由原教育系进行改设，如由国立中央大学教育学院改设的国立中央大学师范学院，由西北联大师范学院改设的国立西北联大师范学院，由浙江大学教育系改设的国立浙江大学师范学院，由中山大学教育系及教育研究所改设的国立中山大学师范学院等。可见，师范学院设置注重由既有教育系改设师范学院，同时也兼顾了战时后方对师资的现实需求，在战时各方面资源紧缺的状况下，调动各方资源积极增设师范学院。

　　教育部对抗战大后方新设师范学院的建制，亦有具体规定。师范学院的系科，主要为国文、外国语、史地、公民训育、数学、理化、博物、教育各系，以及体育、音乐、图画、劳作、家政、社会教育各专修科，各系修业期为五年，各专修科修业期为三年。此外，另设一部，招收大学毕业生授予一年的专业训练；职业师资科招收专科学校毕业生，亦授予一年的专业训练；初级部修业期为三年，可任初中教员；师范研究所招收研究生，期限二年；附设高中、初中、小学教员进修班，接收两年以上具有一定教学经验的中小学教员，修业一年后准授予证书。①师范学院各系课程设置主要有：普通基本科目（国文、外国文、社会科学、自然科学、哲学概论、本国及西洋文化史等）共计52学分，教育基本科目（教育概论、教育心理、中等教育、普通教学法等）共计22学分，分系专门科目共计72学分，专业训练科目（分科教材教法研究等）共计24学分（其中，分科教材教法研究8学分，教学实习16学分）。②

　　此外，《师范学院规程》对各大学教育系师资培育任务，亦做出了明确规定，即各大学教育系应当承担训练中等师资之责任，以切实实施导师制为根本，但不宜以国立或私立进行区分。这一规定进一步明确了国立大学在提升师资水平方面的重要职责。但关于师范学院是否只能是国立的，与欧美国家的政策有所不同。有研

---

①　云南师范大学校史编写组：《云南师范大学校史稿（1938—1949）》，《云南师范大学学报（哲学社会科学版）》校庆增刊，1988年，第25，60页。

②　《师范学院规程》，《教育公报》，1938年第8期，第10—17页。

究者认为，任何国家，不独准许私立大学办教育学系，且有私立师范学院的设立，如闻名全世界的哥伦比亚大学师范学院，其性质、组织、课程、设备、校舍等完全与大学其他学院和学系分开，但对美国及他国教育及师资训练等均有莫大影响。再如，英国师范学院多为教会或私人创立，并且教师资格考试等事宜以前由教育部主管，后来将主管权移至学院。因而，任何公私立大学只要能够切实实行导师制，注意对学生的人格训练，皆可设立教育学系，除非另有目的，只要符合教育部规定，均可批准。大学教育学系或师范学院均可由政府更严格地加以指导及指定招生人数等，但不必仅仅限于国立。①

对于战时实行的这一师范教育制度，有的学者评论指出，师范学院制度是中国最进步、最理想的一种关于中等学校师资训练的教育制度。师范学院制度无疑是战时教育制度的一次重大创新，其创新性主要体现在以下八个方面。

第一，师范学院与区内教育行政机关密切联系，并成为该区中等教育的大本营。

第二，师范学院修业年限延长，学生的学业水平提高。《师范学院规程》第七条规定师范学院修业年限五年，各专修科修业年限三年，较过去教育学院本科四年、专修科两年，都延长了一年。修业年限延长，则学生的学业水平会有所提高。

第三，师范学院包罗广博，造就宏深。师范学院除设本科各系及各专修科外，依据《师范学院规程》第九条的规定，需要设置第二部（招收大学其他学院性质相同学系的毕业生，进行一年的专业训练）。

第四，师范学院科系众多，术业有专攻。

第五，师范学院的课程，对普通基本训练、教育基本训练、分系专科训练、教育专业训练均有兼顾。

第六，师范学院除注重学科训练外，还重视教学实习与社会服务。

第七，师范学院采用导师制，注重集体生活，严格训练。师范学院学生毕业后，

---

① 《师范学院能否完全代替教育学院系》，《教育季刊（上海1925）》，1939年第2期，第4—8页。

须为中学生的导师、全社会的表率，因此关于人格的训练特别重要。

第八，师范学院对学生的招收与毕业生的服务有计划、有统制。过去教育学院的招生与毕业生的服务，都是漫无计划，招生时不考虑社会需要，学生毕业后亦不管其出路，现在的师范学院则不然。①

对于战时师范学院设置的优势与效用，部分学者在《师范学院规程》颁布后提出了一些意见，着重分析了《师范学院规程》中指定筹办的师范学院的主要职责，告诫各国立师范院校必须与各师范大学、大学内的教育学院及教育学系在精神及形式上有截然不同的地方，避免出现战时师范学院设立与战前"换名不换实"的窘境。叶麐在《怎样办大学内师范学院的一个意见》一文中，对师范学院的创办抱有很大希望，认为大学内新建的师范学院应注意以下几个方面。第一，战时师范学院应招收全国最优秀的学生。这一目标的达成则主要通过以下途径实现：师范学院应设置为最完备的学校，并延聘全国范围内最卓越的教师。教师不仅须具有扎实的学问，而且需要具有研究的精神及服务的热忱；师范学院应免除学生的一切费用并广设奖学金，此类办法可以供聪明勤学的穷苦学生参与竞争考试，因而增加投考学生的数量；保障学生毕业后的就业岗位；除了获得职业保障之外，还应满足学生对学问学习的要求，并能够促进毕业生未来进行进修。第二，应严格加强师范生的人格训练。新建师范学院应主要通过慎选教师、开展整齐严肃的学生生活，促进学生养成进步的向上精神。第三，通过对学生技能及学术研究方面的训练，一方面应当使学生能够透彻地了解及熟练应用所学各科的概念，另一方面还应使学生务实，进而具备独立研究的能力。第四，师范学院内各系教授应以专任为主。师范学院每个学系聘请的专任教授大约为 2 人或 3 人，基本能满足该院教授基本学科的要求，后期若有学生人数增加的情况，亦应着重选择师资。②

以上论述深刻阐释了战时师范院校应承担的教学和科研责任，在于通过对学

---

① 陈礼江：《我们对于师范学院应有的认识》，《教育通讯（汉口）》，1938 年第 30 期，第 1—4 页。

② 叶麐：《怎样办大学内师范学院的一个意见》，《新新新闻（每旬增刊）》，1938 年第 8 期，第 3—6 页。

生技能及学术研究方面的训练，培养合格且具有独立研究精神的师范毕业生。这一责任还体现在师范学院应积极配合地方教育行政部门，积极开展地方教育服务等方面。

第二节　云南的师范教育发展与西南联大师范学院教育学系

民国初期，云南省的师范学校除昆明县立第一学校以外，其余均为省立，对师范生的培养力度尚且不足。全省共设有 7 所师范院校，均属中等师范阶段，第一所师范院校设于昆明，其余的设置于昭通、曲靖等地。办学条件均不甚理想，"除二四五六七各校远在外邑未得视察外，其第一校管理松懈，宿舍暗陋……昆明县立师范及女子师范均设省城，县师范校风甚坏，亟须整顿。女子师范附属小学生徒将及千人，极其发达，而师范生仅一百三十余人，应须扩充"①。

教育部颁布的《师范学校规程》指出，师范教育应以分区办理为原则。云南省教育厅特制定云南省省立师范分区设置纲要，将全省划分为几个师范区。后来，因各地培养师资的需要刻不容缓，积极筹设简易师范学校，以济所需。此后，为了广泛储备师资，以及为设学、就学之便利起见，乃采用经济办法，分别筹设省立简易师范学校。其编制以一班学生为限，设于尚未设有省立简易师范学校的学区之内。但云南一些区域辽阔，师范学校的设置依然无法满足需求。由此可见，云南地方师范教育在 1938 年前虽然得到了发展，但依然不充分，无法满足本地地方对优良师资的需求。全面抗战时期，高校的内迁及教育学人在云南当地的一系列教育活动，

---

① 璩鑫圭，童富勇，张守智：《中国近代教育史资料汇编 实业教育 师范教育》，上海：上海教育出版社，1994 年，第 909 页。

使得云南地方的教育发展程度有了一定的提高，其中以西南联大师范学院教育学系对云南地方师范教育的推动尤为值得探讨。

从建制上来看，西南联大师范学院设有教育学系、公民训育系、国文学系、史地学系、英语学系、数学学系、理化学系，各系设一位系主任管理全系。全面抗战时期，先后担任师范学院各系系主任的有：教育学系系主任为邱椿，后为陈雪屏；公民训育系系主任为罗廷光，后为田培林；国文学系系主任为朱自清，后为罗常培、杨振声、罗庸；史地学系系主任为刘崇鋐，后为雷海宗；英语学系系主任为叶公超，后为陈福田、李保荣；数学学系系主任为江泽涵，后为杨武之、赵访熊；理化学系系主任为杨石先，后为许浈阳。[①]师范学院各系教师多由西南联大各系教师兼任，少量属于专任。在以上 7 个系所中，由于教育学系以文学院哲学心理教育系中的教育组为基础组建，加上云南大学教育系的并入，学生人数较多，师资力量也较强。

这几个系成立后，做了一系列的工作。以国文系教师为例，其起草了《对于师范学院国文系课程意见书》，主张国文系教学训练应注重"能"与"知"并重；读书须"博"先于"精"；提倡进行中学国文教材教法研究；培植有利于推行国文教学之人才。[②]

值得注意的是，根据《师范学院规程》中关于附属中小学教员进修班的相关规定，西南联大师范学院附设了云南省中等学校在职教员晋修班。[③]此后，由于全省中等学校日益增多，对教育人才的需求日益迫切。为了加快本土师资培育速度，以解决云南中学教育面临的具体困难，云南省教育厅与西南联大师范学院接洽后，根据教育部的指示成立了初级部（后改为专修科）。其主要任务为委托西南联大师范

---

① 云南师范大学校史编写组：《云南师范大学校史稿（1938—1949）》，《云南师范大学学报（哲学社会科学版）》校庆增刊，1988 年，第 29—30 页。

② 杨集成：《西南联大师范学院简记》，见中国人民政治协商会议云南省昆明市委员会文史资料委员会《昆明文史资料选辑（第二十一辑）》，内部资料，1993 年，第 256 页。

③ 杨集成：《西南联大师范学院简记》，见中国人民政治协商会议云南省昆明市委员会文史资料委员会《昆明文史资料选辑（第二十一辑）》，内部资料，1993 年，第 253 页。

学院训练教师人才以满足需求，专修科由倪中方任主任，共招生 50 人，拟两年毕业，组别下设为两组，分别为文学史地组及数理化组。①

《师范学院规程》设置各级中小学教员进修班的具体相关规定如下：

第九条　师范学院得设第二部，招收大学其他学院性质相同学系毕业生，授以一年之专业训练，期满考试及格经教育部复核无异者，由院校授予毕业证书，并由教育部给予中等学校某某科教员资格证明书。

第十条　师范学院得设职业师资科，招收专科学校毕业生，授以一年之专业训练，期满考试及格经教育部复核无异者，由院校授予毕业证书，并由教育部给予职业学校职业学科教员资格证明书。

得有此项资格证明书者，第一年只能任初级职业学校职业学科教员。

……

第十三条　师范学院得附设高级中学教员进修班，招收具有两年以上教学经验之高级中学或同等学校教员，而应受试检定者授以一年之专业训练，期满考试及格经教育部复核无异者，由院校予以高级中学及同等学校某某科教员进修证明书，此项证明书之资格相当于高级中学教员检定合格证书。

第十四条　师范学院得附设初级中学教员进修班，招收具有两年以上教学经验之初级中学或同等学校教员，而应受试验检定者授以一年之专业训练，期满考试及格经教育部复核无异者，由院校给予初级中学或同等学校某某科教员进修证明书，此项证明书之资格相当于初级中学教员检定合格证书。②

同年，遵照教育部颁布的《师范学院规程》第十九条的规定，常委会聘任曾任南开大学教育系教授及长沙临时大学学生军训队副队长的黄钰生担任师范学院院长，并请其先行编制本校师范学院经费。

在校区建设方面，西南联大接到指令后，立即开展筹备师范学院等一系列事宜，但因新校舍建筑尚未完工，原有校舍又偏狭小，不能大量招生，只能先招少量

① 曾煜：《中国教师教育史》，北京：商务印书馆，2016 年，第 217—220 页。

② 《师范学院规程》，《教育公报》，1938 年第 8 期，第 10—17 页。

新生，待新校舍修好正式开学。随着西南联大师范学院增设进程的落实与推进，师范学院就学学生的安置问题，也为西南联大重视。由于学生甚多、校舍紧张，各学院只能占用昆明数所中学分散设立。①1938 年 9 月，西南联大因筹办师范学院，特在当地报刊登出校舍征租启事，拟在昆明城内或城厢租房屋数间。师范学院借此机会，增租西门外昆华师范学校、昆华工业学校，并向云南省政府商借一些地方。此后，学校容纳各抗战地区的学生越来越多，校舍使用难以满足日益增长的需求，于是西南联大积极购置合适的土地，用于为学生修建宿舍及建造图书馆分馆，大大改善了学生的读书条件。

　　西南联大将昆华中学北院设置为教学场地与南院宿舍，师范学院即设于昆华中学北院。北院有两间大教室，作为师范学院合班上课及集体讲演的教室场地，同时租用南院的宿舍作为师范学院学生（女生）的住所。据西南联大校友回忆，师范学院最早租用的昆华中学校址位于凤翥街之西，房屋较为整齐。②许渊冲在《许渊冲西南联大日记》中说："大食堂后面是另一个新粉刷了黄色外墙的食堂，那是师范学院学生专用的，因为师院是联大和云南省合办的新学院，房子比大一食堂好，里面看来也更清洁。师院食堂之后是一个大操场，右边有一排参天大树，掩映着一个乱石砌成的小花园。"③

　　创办初期的西南联大师范学院，曾经历过日机的多次轰炸。第一次轰炸为 1938 年 9 月，日机投掷炸弹，致使学校有相当程度的损毁。所幸的是，校内一部分学生已经先期疏散，安置于昆明城郊，另一部分学生虽然还未来得及启程躲避轰炸，但也早已听闻警报将至，离开了校舍，故而学校内教职员工及所有学生均无伤亡。至于学校器材及设施，也在轰炸前进行了妥善转移，并无损坏。1940 年 10 月 13 日，日机以西南联大与云南大学为目标，轰炸了西南联大师范学院大西门外的龙翔街

---

　　①　《西南联大近讯》，《学与生》，1939 年第 1 期，第 37 页。

　　②　李钟湘：《西南联大始末记》，见钟叔河，朱纯《过去的学校（回忆录）》，长沙：湖南教育出版社，1982 年，第 285 页。

　　③　许渊冲：《许渊冲西南联大日记》，昆明：云南人民出版社，2020 年，第 55—56 页。

一带，昆华中学北院校舍几乎全部被炸毁。校舍房屋稍旧，学校四周落弹甚多，损毁特巨。该院办公处及教员宿舍亦多震坏。教育部特来电慰问西南联大师范学院师生，并嘱托师范学院将所有受伤员工及学生妥善医治。此后，梅贻琦在其《关于联大校舍被炸的启事》一文中，详细回复各地友朋函电，每念及校舍被毁，不无自勉并与同人而共勉，谓之物质之损失有限，精神之淬励无穷，仇深事亟，吾人更宜努力。[1]就在师范学院被敌军几乎全部炸毁、损失惨重的同时，西南联大师生得到了全国其他学校师生的积极捐款，纷纷为修建校区贡献心力。

为了免除租借他校的诸多不便，也为了避免被敌军再次轰炸，1943 年，西南联大师范学院决定修建新校舍，将昆华中学旧校舍的南院全部用作师范学院院址。除此之外，师范学院黄钰生院长负责筹集修建校舍款项，添作建筑费用，并做内部设施配备所需款项供给。此后，师范学院即迁院至昆华工业学校，部分学生迁移到昆华师范学校，直到 1946 年西南联大办学结束。[2]

第三节　西南联大师范学院教育学系招生情况及日常管理

为了配合战时颁布的师范教育相关政策，1940 年，教育部进一步规定了各省市师范学院学生名额，对该年度师范学院招生原则与名额分配进行了规定。其原则如下：第一，各省市师范学院每年新生名额分配应以人口为标准，另以各省市中学及师范学院学级数之多寡加减之，其名额由教育部另定；第二，师范学院各系科招

① 梅贻琦：《关于联大校舍被炸的启事》，见徐迅雷《现代大学校长文丛 梅贻琦卷》，合肥：安徽教育出版社，2015 年，第 243 页。

② 西南联合大学北京校友会：《国立西南联合大学校史——一九三七至一九四六年的北大、清华、南开》，北京：北京大学出版社，1996 年，第 431 页。

收的学生数,暂定为每级 30 人;第三,各省市规定的名额,占应招收学生数的 70%,其余 30%的名额不分省市;第四,各省市规定名额暂时通盘分配,以所有学院学生总数计算,不指定某一学院在某省市的招生人数,但在统一分配学生时,要注意其考区;第五,各省市规定名额,仍由统一招生委员会分发;第六,各省市规定的名额,如因成绩不能足额录取,由其他省市成绩优良学生补充,但次年之名额,补充省市应照减少,不足省市应照增加;第七,各省市应考学生成绩不合录取标准而不过劣者,遇该省市名额不足时应先分发先修班补习,筹划师范学院各科系应招学生名额,如该省市与师范学院意见不同,应各自陈述理由,呈教育部核定。① 表 1-3 为各地区名额分配情况。

表 1-3 各地区名额分配一览

地区	人数/人	地区	人数/人	地区	人数/人	地区	人数/人
四川	110	山西	35	安徽	45	广西	50
云南	50	江苏（包括上海、南京）	120	湖南	65	陕西	40
贵州	40	福建	50	湖北	35	西康	14
广东	85	河北（包括天津、北平）	95	河南	55	辽宁	20
山东（包括青岛）	60	浙江	45	江西	55	甘肃	25
吉林	14	黑龙江	14	热河	14	宁夏	8
察哈尔	8	青海	8	绥远	8	新疆	8

资料来源:《教部规定本年度各省市师范学院学生名额,共计一千一百八十六人》,《教育季刊（上海 1925）》,1940 年第 3 期,第 46—47 页

由表 1-3 可知,师范学院招生名额按照全国各地区的配额进行了分配,且在招生方面的日程安排也非常密集。在人才培养方面,根据教育部的规定,要获得师范

---

① 《教部规定本年度各省市师范学院学生名额,共计一千一百八十六人》,《教育季刊（上海 1925）》,1940 年第 3 期,第 46—47 页。

学院入学资格，须在公立或已备案之私立高级中学或同等学校毕业，经入学考试合格。由《师范学院规程》的相关规定可知，师范学院可以招收师范学院或大学其他院系转学生，学生学科程度须相同，有原校学业证明书，在本学年开始以前需要经过考核。如果是其他院系或学院学生转入，需要补习教育及其他专门科目不足之学分，但未立案之私立大学或独立学院学生不能转学至师范学院。①

西南联大师范学院成立初期，即开始面向全国进行招生，首届学生按籍贯的分配情况如表1-4所示。

表1-4　1939年西南联大师范学院部分省市招生名额一览

省市	人数/人	省市	人数/人
上海	2	浙江	19
安徽	7	江西	10
湖北	5	湖南	38
四川	17	福建	6
广东	48	云南	116
广西	6	贵州	32
河北	7	天津	1
山东	4	山西	1
河南	4	陕西	1
辽宁	4	黑龙江	1

资料来源：北京大学，清华大学，南开大学等：《国立西南联合大学史料 一 总览卷》，昆明：云南教育出版社，1998年，第140页

除了教育部对各省市师范学生招生名额进行规定以外，黄钰生根据主持师范学院之经验，亦提出需要预料将来师范学院发展之情形，对师范学院学生的身份来源有一定考虑。

总体上而言，与西南联大其他学院相比，师范学院学生人数较少，在招生录取标准上与其他学院一致；入学后，学生成绩的考核也与全校统一，严格坚

---

① 《师范学院规程》，《教育公报》，1938年第8期，第10—17页。

持标准，不合格的课程一律重修，学生学分不够就降级，学业期满没有修满学分的不能毕业。[①]

从学籍来看，西南联大师范学院开始招收的学生多数来自外省。1940 年起，西南联大师范学院除在全国招生外，还特别接收云南省教育厅招考的保送生。1942 年起，虽然不限云南籍学生，但实际上云南籍学生占了多数。除昆明外，其余学生则来自本省其他县。可以说，西南联大师范学院发挥其职能作用，不限生源，广招学生，为云南培养师资提供了方便，促进了当地文化、教育事业的发展。西南联大师范学院学生除了省份来源比例不均外（尤以云南籍为主），各系学生人数也并不平衡，尤以教育学系人数最多。[②]

表 1-5 为 1938—1945 年西南联大师范学院历年在校学生人数统计，由此表也可见教育学系在校学生的数量。

表 1-5　西南联大师范学院历年在校学生人数统计表　　单位：人

项目	1938 年	1939 年	1940 年	1941 年	1942 年	1943 年	1944 年	1945 年
国文		17	16	22	21	14	10	
英语		33	26	13	13	7	3	
史地		29	30	48	30	18	9	
数学		9	4	3	9	4	1	
理化		17	8	31	13	3	4	
教育	20	34	159	142	104	81	41	39
公民训育		27	22	15	15	8		
师范专修科					68	89	124	111

资料来源：北京大学，清华大学，南开大学等：《国立西南联合大学史料 一 总览卷》，昆明：云南教育出版社，1998 年，第 40—42 页

① 吴宝璋：《云南师范大学史略》，见中国人民政治协商会议云南省昆明市委员会文史资料委员会《昆明文史资料选辑（第十五辑）》，内部资料，1990 年，第 46 页。

② 云南师范大学校史编写组：《云南师范大学校史稿（1938—1949）》，《云南师范大学学报（哲学社会科学版）》校庆增刊，1988 年，第 108—110 页。

西南联大师范学院教育学系的学生，最初是来自北京大学、南开大学、清华大学合并的长沙临时大学的文学院哲学心理教育学系教育学专业及云南大学教育系，学生人数由最初成立时的 20 人逐年增加。其中，1940 年的教育学系在校生最多，达到了 159 人（表 1-6）。但是抗日战争后期，在校生数量明显减少，1945 年仅有 39 人。虽然教育学系的在校人数较多，但是每年毕业生人数却都保持在 20—30 人。云南籍学生仍然是报考西南联大师范学院的主力军，教育学系的云南籍学生也不在少数。

表 1-6　西南联大师范学院教育学系历年在校学生人数统计表

项目	1937 年	1938 年	1939 年	1940 年	1941 年	1942 年	1943 年	1944 年	1945 年
教育学系人数	—	20	34	159	142	104	81	41	39

资料来源：《国立西南联合大学各院系学生人数统计》，见北京大学，清华大学，南开大学等：《国立西南联合大学史料 — 总览卷》，昆明：云南教育出版社，1998 年，第 40—42 页

在经费方面，西南联大师范学院的经费为半独立形式，凡教育部下拨的款项，如因增设师范学院而为西南联大追加的经费，如本院学生膳食津贴、国家建设专款下的师范学院建设临时费等，均由师范学院支配，师范学院专任教师薪金、图书仪器费、特殊事业经费，不再从西南联大总预算中分取。至于行政经费、房租等日常消耗，则从西南联大经常费用中支出。师范学院聘请的教师薪金，每年度并无固定数额，以西南联大其他学院教师的薪金为标准，并以此为增减的标准。为满足学生人数日益增长所需的经费，1940 年，师范学院曾向教育部上报《国立西南联合大学师范学院报告书》，呼吁政府为西南联大师范学院增加教育经费，教育部随即增拨专款给师范学院，此笔划拨的款项几乎都用于购置图书及仪器设备。[1]

西南联大师范学院相关制度，体现出了以学生为主体、管理紧凑而有序的特

---

[1]　张振利：《试论高校档案在新校区校园文化建设中的作用——从联大师院打造"师范性"校园文化说起》，见王晓珠，袁洪《高校档案管理探索》，昆明：云南大学出版社，2011 年，第 95—100 页。

征。1939 年 12 月 12 日，师范学院成立一周年时，黄钰生组织全院师生举行了别有风采的篝火晚会以庆祝，大家围绕篝火，高唱他编写的《传播光明歌》，以此激励献身教育、传播光明的志趣。[①]此外，黄钰生对教师职业也做了精辟的概述："为人师者要注意'作教、作师、作学、作人'，时时、处处、事事都要给学生做出榜样。"[②]他认为，作为师范学院，应着重强调师德与师能的并重，尤其要注重对师范生思想、品德、作风、态度的培育。黄钰生曾经一直秉承师范学生功课固然重要，团体生活也一样重要的理念，要求学生首先学会如何做人，即要能与人和谐相处，要有合作精神和良好的思想道德品质。同时，黄钰生强调了德育的潜移默化作用，认为熏陶重于管理，实践重于说教；以校风熏陶学生之品德与情操，不以规章制度来束缚学生之活动与行为。[③]

　　培养师范生人才，除了合格师资的配备之外，教学设备、图书资源也是重要的一环。师生所需的研究图书方面，各系之间并不均衡。早期，师范学院的图书仪器，大多是西南联大已有的图书仪器等设备，教育学系由于承袭了清华大学、北京大学、南开大学、云南大学四校原教育系的家底，藏书共有 9000 余册，超过全院其他学系藏书的总和。例如，西南联大外语、史地、理化等系的图书不到 500 册，公民训育系和数学系的藏书也几近为零。[④]后来，随着西南联大的发展，这种图书紧张的情况才逐渐得到改善。据梅贻琦所言，早期来滇路途遥远，从平、津运来的图书或者毁于战火，或者七零八落，图书问题一时成为师生面临的重要问题，但师范学院图书馆分馆建成后，情况大为改观。师范学院图书馆可容纳 200 人，分设于各学院专门期刊室，"每室可容纳三五十人不等。所有书籍大部分系三校藏书迁运来

　　① 云南师范大学校史编写组：《云南师范大学校史稿（1938—1949）》，《云南师范大学学报（哲学社会科学版）》校庆增刊，1988 年，第 32 页。

　　② 林毓杉：《黄钰生先生与西南联大师范学院》，见昆明市政协文史学习委员会《抗战时期文化名人在昆明（一）》，昆明：云南美术出版社，2000 年，第 363 页。

　　③ 罗黎辉：《纪念黄钰生先生诞辰 100 周年》，见中国人民政治协商会议云南省委员会文史资料委员会《云南文史资料选辑 第五十三辑 内迁院校在云南》，昆明：云南人民出版社，1998 年，第 482 页。

　　④ 余子侠，冉春：《中国近代西部教育开发史——以抗日战争时期为重心》，北京：人民教育出版社，2008 年，第 347 页。

滇，合供本校利用。其余系在湘、滇就地采购及由外国购来或经外人赠送者"①，由此大大改善了图书资源紧张的状况。

在学术环境与师生互动方面，西南联大师范学院始终秉承"人才靠教育，教育靠师范"的理念。重视师范教育，是黄钰生作为教育家一直坚持的理念。尽管西南联大内大师云集，但在办理师范学院方面，几乎没有任何经验。黄钰生吸取中外师范学院的办学经验，在学习上，他主张学生上大课的时间要少，学生向教师求教的时间要多，学生既要博览群书，又要重视实践，使学习变得生动活泼。为此，他开辟了一间阅览室，指定专人管理并指导学生阅读。他重视朗诵，亲自主讲"诗文朗读与欣赏"课程，并在校园里布置了一个读书亭，以便学生平时朗读。②他还亲自撰写了"院歌"，用当时流行的《卿云歌》的曲调咏唱，以勉励师范学院师生像春风春雨般辛勤育人、润物细无声，培养桃李。③虽然由于客观条件的限制，院歌并未得到广泛流传，但是黄钰生院长那种激励师生热爱师范、献身教育的思想则长留在师生的心里。

按照当时教育部颁行的《师范学院规程》，西南联大师范学院始终把培养合格的中等学校师资作为自己的目标。西南联大师范学院不少教师同时受聘于西南联大文、理学院，且有不少课程与文、理学院合班上课，所以在实际办学中，师范学院十分强调本院课程与文、理学院同类课程设置旨趣的差异。比如，国文，在于主张"文学院之国文系之主旨，在培植国学之研究者、国文之创作者，而本院之国文系则须注重工具之运用。与国文之教学除少数课程外，本院实难于借重文学院之国文系"④。国文如此，其他可类推。学校强调对师范生加强基础课教学，认为对于

---

① 梅贻琦：《大学的意义》，苏州：古吴轩出版社，2016年，第100—111页。

② 中共云南省委宣传部：《西南联大教育救国》，昆明：云南人民出版社，昆明：云南美术出版社，2022年，第202页。

③ 刘宜庆：《黄钰生与远去的西南联大》，https://www.mj.org.cn/m/hszl/mrys/202302/t20230208_274351.htm。

④ 云南师范大学校史编写组：《云南师范大学校史稿（1938—1949）》，《云南师范大学学报（哲学社会科学版）》校庆增刊，1988年，第72页。

专业知识，如果"无广博之基础而先钻研于窄而深之专题，纵然能成为专家，绝不适为师资"①。对于师范学院这些强调师范性的考虑和要求，到师范学院兼课的文、理学院教师一般都能充分理解、认真贯彻。

总体来说，西南联大的特色是自由，学术环境也是宽松的，能充分挖掘学生的潜能。师范学院特定的培养目标旨在为国家培养优秀的师范人才，"学为人师、行为世范"成为师范学院培养学生遵照的最高宗旨，因此师范学院的管理又非常严格。院长黄钰生严格按照南开大学的办学传统，在对师范学院学生的管理方面明显严于其他学院的学生。他强调男女学生的来往应有礼有节，男女之间不得擅自进入对方宿舍，只能在楼下会客室会见，凡如洗衣、裁缝等接洽事宜，亦在会客厅进行。同时，他规定了宿舍门窗有固定的开启时间，各宿舍应遵循安宁秩序并保持清洁，公务用器经安排之后不得随意移动或私自增减，必须加以妥善保管，不做过度之消耗，由住在该宿舍的全体学生负责，其细则公约由学生共同商议决定，呈请核准后，全体共同遵守。个人私有物品必须按照军训规定施行，同时规定校工只为团体服务，如浇水、打扫庭院之类，学生不得令其侍候个人。②

另外，规定每天早晨上课之前，必须举行升旗仪式，全体学生必须参加，每逢周一要举行总理纪念周活动，每一年的教师节（12 月 12 日），还要举行纪念大会。对于每年的"院庆"，黄钰生还特别设计了一个"传播光明"的活动，教师举着没有点燃的火把，绕着篝火围成一圈，学生在外面围成一个更大的同心圆。待黄钰生宣讲完毕，教师点燃手中的火把，并用他们的火把点燃学生的火把。这样，集会现场一片光明。接下来，教师将火把扔进篝火，学生也跟着将火把扔进篝火，然后师

---

① 杨集成：《西南联大师范学院简记》，见中国人民政治协商会议云南省昆明市委员会文史资料委员会《昆明文史资料选辑（第二十一辑）》，内部资料，1993 年，第 257 页。

② 吴宝璋：《云南师范大学史略》，见中国人民政治协商会议云南省昆明市委员会文史资料委员会《昆明文史资料选辑（第十五辑）》，内部资料，1990 年，第 47 页；杨集成：《西南联大师范学院简记》，见中国人民政治协商会议云南省昆明市委员会文史资料委员会《昆明文史资料选辑（第二十一辑）》，内部资料，1993 年，第 257 页。

生一起歌唱，唱出中华民族抗战必胜的心声。这一西南联大师范学院独有的活动，形象地表现了师生对抗战必胜的信念，也隐喻了教师和作为未来教师的学生的职责是传授知识、传播光明。①由此可见，西南联大师范学院此种严中有秩序、学中有生活的日常，无疑构成了师院学生学习的基本面相。

① 华金龙，刘东兴：《西南联大师范学院的源起、发展与办学》，《重庆科技学院学报（社会科学版）》，2014 年第 2 期，第 124—126 页。

第二章

西南联大师范学院教育学系的师资、课程设置与学术研究

从特色上来看，西南联大师范学院教育学系以"万物并育而不相害，大道并行而不相悖"作为课程建设的基本理念，注重体现自身的特色，并结合时代特点与地方需要灵活设置课程，形成了一套自己的课程标准体系。西南联大师范学院教育学系力求做到教育理论与实际相结合，锻炼学生的实际工作能力，并提高其科学研究水平。

师资与课程作为西南联大师范学院教育学系成立与发展的"两驾马车"，对其发展具有重要的意义。从师资方面来看，西南联大师范学院教育学系的教师大多有留学经历，学识渊博，教学经验丰富，在教学中注重激发学生兴趣与提高教学质量，教学以思想训练为中心。大多数教师能在教课之余，针对当时的教育及其他问题，发表时论或撰写专业论文，展示其作为教育学人对时事及学科发展的真知灼见。西南联大师范学院教育学系的课程设置目标是以培养教育行政管理人员为主要任务，兼及教育研究人才和合格

的中等学校教师①，因此西南联大师范学院教育学系的师资聘任、课程设置、人才培养、学术研究等工作均紧紧围绕这一目标展开，有其自身的特色。

---

① 西南联合大学北京校友会：《国立西南联合大学校史——一九三七至一九四六年的北大、清华、南开》，北京：北京大学出版社，2006年，第315页。

第一节　西南联大师范学院教育学系的师资

抗日战争全面爆发后，为适应战时需要，教育部对师范学校的课程设置进行了重新修订。如前所述，1938 年，教育部颁布《师范学院规程》，其中规定师范学院分国文、外国文、史地、公民训育、算学、理化、博物、教育各系，以及体育、音乐、图书、劳作、家政、社会教育各专修科。必要时，各专修科得改为系，同时拟设院长、教务主任、系主任、主任导师等职。这一规定突出了高等师范学院培养中学各科师资的职能，体现了独立封闭型的教师教育体制的特点。1939 年，教育部又将师范学院课程分为共同必修科目（含普通基本科目和教育基本科目）、分系专门科目、专业训练科目 3 类。①《师范学院规程》的具体规定如下：

第十九条　师范学院设院长一人，独立师范学院院长由教育部聘任之，大学师范学院院长经校长选荐两人，呈请教育部择定一人聘任之。

第二十条　师范学院设教务主任一人，综理全院教务。

第二十一条　师范学院各系各设系主任一人……大学师范学院各系系主任应为专任职，但因特别情形经校长核准者，得兼其他学院同性质学系之系主任。

第二十二条　师范学院设主任导师一人，综理全院训导事宜，由院校长选荐两人，呈请教育部择定一人聘任之。

第二十三条　师范学院设事务主任一人，综理全院事务。

第二十四条　师范学院各系各设实习导师一人，主持并辅导各该系学生之教学实习。②

---

① 《师范学院规程》，《教育公报》，1938 年第 8 期，第 10—17 页。
② 《师范学院规程》，《教育公报》，1938 年第 8 期，第 10—17 页。

　　由此可见，师范学院的行政组织倾向于采用"垂直管理"模式，因此比较简单，与西南联大其他学院的差别不是很大。师范学院设院长 1 名，下设各系系主任，学院有院务会议，系所各自有系务会议。与其他学校不同的地方在于，西南联大设校委员会，执行校长职权，师范学院院长也出席校常务委员会会议。师范学院下设的每一个系所均由一名系主任负责教学管理工作，任课教师通常由文、理学院相关各系教授兼任，系主任也是由原各系主任兼任，只是在两年后，由于实际工作的需要，以及管理的方便，各系才分别聘任少数兼职教授、专任讲师或助教。这部分教师不属于西南联大三校（清华大学、北京大学、南开大学）编制，而是属于西南联大编制（如师范学院教育学系的孙毓棠等）。

　　教育部于 1942 年 7 月 20 日发布的《大学及独立学院教员人数暂行标准》来看，规定大学及独立学院教员人数应按各学系专任教员（指专任教授、副教授及讲师）、共同必修科专任教员及助教三种订定，其中师范学院按照九系（教育学系、公民训育学系、国文学系、英语学系、数学系、理化学系、史地学系、博物学系、体育学系）核算，共聘专任教员 40—50 人，其中教育学系专任教员为 8—10 人，分配必修教育学科教员为 3—4 人，并配置助教 2—3 人。[①] 师范学院与西南联大其他学院的具体区别，则在于对学生的训练更加强调实践性，更加强调在实际的教学中培养学生的具体能力。1938 年的《战时各级教育实施方案纲要》规定："为养成中等学校德、智、体三育所需要之师资，并须参酌从事高等师范之旧制而谋设。"[②]于是，西南联大规定师范学院的系科设置既须从中学课程的实际需要出发，也要考虑到西南联大的师资条件，以便开设系所。为了加速本土师资培育速度，以解决云南中学教育师资面临的具体困难，师范学院则接受云南省教育厅的建议，同时经教育部批准，开始创办三年制的专修科。按照规定，各专修科各设科主任 1 人，均由教授担任。

---

　　① 教育部：《大学及独立学院教员人数暂行标准》，《教育公报》，1942 年第 14 卷，第 12—23 页。

　　② 中国第二历史档案馆：《中华民国史档案资料汇编　第五辑　第二编　教育（一）》，南京：江苏古籍出版社，1997 年，第 14 页。

西南联大师范学院专修科于 1941 年 11 月设立，曾经被称为"师范初级部"，学制为 3 年，专门招收在职的初中教师。专修科主任开始由黄钰生兼任，1944 年由教育学系的倪中方担任。专修科分文史地和数理化两个组，分别由张清常和许浈阳担任主任。这种大文科、大理科的综合性的专业设置，与当时其他师范学院专修科专业的单一设置有很大的不同。其实，师范学院本科中的史地系与理化系的双科制，已体现了这种综合式的专业设置思想。专修科课程多与相关本科课程合班上课，也实行学分制。专修科每年招生约 60 人，生源不限于云南。其设立缘起于解决云南中学师资之短缺问题，因此云南省学生占 80%以上。至西南联大结束办学，专修科共为云南培养了毕业生 80 多人。①

西南联大教育学系的系主任，是经过院方慎重考虑而选任的。在建系后的前半年，系主任由邱椿担任，后由陈雪屏继任。1943 年及 1945 年，在陈雪屏因公赴重庆、因公离校期间，系主任均由陈友松暂代。②表 2-1 为 1938—1945 年西南联大师范学院教育学系系主任任职情况。

表 2-1　西南联大师范学院教育学系系主任任职一览表（1938—1945 年）

日期	教育学系系主任
1938 年 10 月 3 日	邱椿代教育学系系主任
1939 年 3 月 14 日	陈雪屏代教育学系系主任
1940 年 9 月 11 日	陈雪屏任教育学系系主任
1943 年 9 月 13 日	陈友松代教育学系系主任（陈雪屏因公赴渝，暂代）
1945 年 9 月 24 日	陈友松代教育学系系主任（陈雪屏因公离校，暂代）

资料来源：西南联合大学北京校友会校史编辑委员会：《国立西南联合大学校史资料》，北京：北京大学出版社，昆明：云南人民出版社，1986 年，第 124 页

在教员方面，为了给云南省各地方培养高质量的师资，西南联大师范学院成立伊始，就提出了"为而不有"的理念，充分利用西南联大已有的教师人才，在

---

① 中国人民政治协商会议云南省委员会文史资料委员会《云南文史资料选辑 第五十三辑 内迁院校在云南》，昆明：云南人民出版社，1998 年，第 365—366 页。

② 卢濬：《感谢恩师陈友松教授》，见方辉盛，何光荣《陈友松教育文集》，北京：社会科学文献出版社，2009 年，第 623—624 页。

文、理、法各院教师之中选择富有教学经验者，于其本职之外，加聘为本院教师。[1]就院系归属来看，西南联大师范学院大多数系主任是由其他院系教师兼任。后来，西南联大每年虽然都会新聘部分教师，其中部分教师是针对师范学院的课程开设聘请的，部分教师虽然在名义上是由师范学院聘请的，但实际上并未在师范学院授课；有些虽然是以师范学院名义聘请的，除了在师范学院授课以外，也在其他系所兼授部分课程。据黄钰生回忆，曾在西南联大师范学院任职的教师先后共计有 91 人，其中教授为 20 人，副教授为 9 人，讲师 12 人，教员 14 人，助教 36 人。[2]

值得一提的是，从数量上来看，师范学院专任教师以教育学系最多，也可以说教育学系的师资力量是最为雄厚的，如长期在教育学系担任教员的有邱椿、樊际昌、罗廷光、黄钰生、陈友松、孟宪承、沈履、查良钊、陈雪屏、汪懋祖等。[3]从年龄分布来看，教育学系的教师大多出生于 19 世纪后期至 20 世纪前期，集中在 1896—1906 年，其中 1896—1900 年出生的教员人数最多，占到整个教育学系总人数的 60%，1900 年以后出生的教员占整个教育学系总人数的 40%。这说明大部分教育学系教员任教时的年龄多集中在三四十岁左右，正是年富力强、思维活跃、学识渊博的年纪。表 2-2 —表 2-5 为西南联大师范学院教育学系部分年度教职员的相关信息。

表 2-2　西南联大师范学院教育学系教职员名录（1940 年，部分）

职务	教职员
教授	陈雪屏
	樊际昌

---

[1]　北京大学，清华大学，南开大学等：《国立西南联合大学史料　一　总览卷》，昆明：云南教育出版社，1998 年，第 141 页。

[2]　黄钰生：《回忆联大师范学院及其附校》，见冯友兰等《联大教授》，北京：新星出版社，2010 年，第 245 页。

[3]　徐友春：《民国人物大辞典（增订本）》，石家庄：河北人民出版社，2007 年，第 729 页；周川：《中国近现代高等教育人物辞典》，福州：福建教育出版社，2012 年，第 88 页。

续表

职务	教职员
教授	曾作忠
	冯文潜
	黄钰生
	田培林
	查良钊
	陈友松
副教授	王维诚
讲师	喻兆明
助教	翁同文
	刘盈
	郅玉汝
	卢濬

资料来源：北京大学，清华大学，南开大学等：《国立西南联合大学史料　四　教职员卷》，昆明：云南教育出版社，1998年，第80—97，320页

表 2-3　西南联大师范学院教育学系教职员名录（1942年，部分）

职务	教职员
教育学系主任、公民训育系主任	陈雪屏
教授	彭仲铎
	黄钰生
	冯文潜
	凌达扬
	倪中方
副教授	沈从文
	萧涤非
	孙毓棠
	陶绍渊
	余冠英
	张清常

续表

职务	教职员
	马芳若
	周简文
助教	杨宗干
	孟宪德
	龙季和

　　资料来源：北京大学，清华大学，南开大学等：《国立西南联合大学史料　四　教职员卷》，昆明：云南教育出版社，1998年，第118—128页

表 2-4　西南联大师范学院教育学系教职员名录（1943 年，部分）

职务	教职员
教育学系主任	陈雪屏
	樊际昌
	查良钊
	冯文潜
	沈履
教授	陈友松
	徐继祖
	胡毅
	汪懋祖
	王维诚
	李廷揆
助教	陈熙昌
	萧厚德
	张文洸

　　资料来源：北京大学，清华大学，南开大学等：《国立西南联合大学史料　四　教职员卷》，昆明：云南教育出版社，1998年，第118—145页

表 2-5　西南联大师范学院教育学系教职员名录（1946 年，部分）

职务	教职员
教育学系主任	陈雪屏
教授	查良钊

续表

职务	教职员
教授	冯文潜
	汪懋祖
	徐继祖
	胡毅
	王维诚
	樊际昌
	陈友松
	沈履
	吴俊升
	孟宪承
	田培林
副教授	严文郁
	王纯修
讲师	严倚云
	俞兆明
	顾钟琳
教员	卢濬
	魏泽馨
	刘振汉
助教	李廷揆
	陈熙昌
	萧厚德

资料来源：北京大学，清华大学，南开大学等：《国立西南联合大学史料 四 教职员卷》，昆明：云南教育出版社，1998年，第287—290页

由上述各表可见，西南联大师范学院教育学系各年度教职员的变化有限，教师队伍整体上较为稳定。通过教师的背景，我们可以清楚地了解到西南联大师范学院教育学系教师从系主任至教授、副教授，大多具有留学经历，如曾任教育学系系主任的邱椿、陈雪屏，前者曾留美，获美国哥伦比亚大学博士学位，后者曾留美，获美国哥伦比亚大学硕士学位。另外，具有留学经历的还有陈友松，曾留学菲律宾，

后又赴美留学，获美国哥伦比亚大学博士学位。教育学系的其他教授，如樊际昌、查良钊、胡毅、沈履、徐继祖、吴俊升、罗廷光等，有的留学美国，有的还有欧洲留学经历。为了清楚地对西南联大师范学院教育学系教师的留学情况进行说明，表2-6特列出了教育学系主要教师的职务、职称、留学情况等信息。

表 2-6　西南联大师范学院教育学系任职教师情况一览

教师	职务	职称	留学情况
邱椿	西南联大教育学系主任	教授	留美、德
陈雪屏	西南联大教育学系主任	教授	留美
陈友松	西南联大教育学系代主任	教授	留菲、美
樊际昌	西南联大教务长	教授	留美
黄钰生	西南联大师范学院院长	教授	留美
沈履	清华大学秘书长	教授	留美
徐继祖	西南联大教育学系教授	教授	留美
吴俊升		教授	留法
孟宪承		教授	留美
罗廷光		教授	留美

资料来源：云南省留学人员联谊会：《云南百年留学简史（1896—2013）第一辑》，北京：中国社会科学出版社，2016年，第166—167页

毋庸置疑，西南联大师范学院教育学系教授具有的留学背景的影响是深远的，概言之，主要表现在以下几个方面。

第一，伴随着近代中国社会的变迁，西南联大师范学院教育学系教师群体作为在知识结构、价值观念上区别于传统的新型知识分子，具有深厚的学术素养，在人才培养过程中起到了表率作用。一方面，教育学系的教学借鉴了传统师范生培养的模式，同时又结合了西方教育的内容，从而使学生得以衔接两种不同的文化，达到了中西会通的效果；另一方面，这也代表着教育学系在抗战时期对新式人才培养的新模式，预示着近代师范生培育体系由传统走向成熟。

第二，具有留学背景的教师均是彼时教育学人的杰出代表，为地方培育新教

师、民族进步和地方教育文化发展做出了非常重要的贡献。尤其是在西南联大整体在滇时间较短、教员数量紧张、教学资源尚且不敷的现实情况下，西南联大师范学院教育学系相比其他师范学院教育学系取得了较为显著的成绩。其教学模式的创新、新教学理念的输入、教学效果的呈现，无疑是与教师深厚的中西兼顾的学养息息相关的，这也是西南联大师范学院教育学系的成功之处。

第三，近代师范生人才的培养，离不开无数引路人的努力。西南联大师范学院教育学系的教师作为实践者在教学过程中不仅引介了很多新的教育思想与前沿教育知识，也推动了新式教育教学模式的发展，尤其是在教育学系教授主要课程的陈友松、胡毅、沈履、徐继祖等，既寓教学于研究之中，又将海外研习的教育思想和理念移植于课堂中。他们讲课时，有的采用自编讲稿，又常用实际例子来说明道理，循循善诱，对学生产生了很大的启发。他们既懂国外的教育理论，也熟悉中国的教育思想，讲课自然流畅、通俗易懂，对教育问题分析得全面、透彻。在教学之余，教育学系教员还发表了大量教育研究论文，从而提高了西南联大师范学院教育学系的教学水平。

第二节　西南联大师范学院教育学系的课程设置

西南联大师范学院教育学系的使命在于，培养合格的教育实践及行政人才，培养的基础则在于合理地设置课程。为了规范师范学院的课程设置，1938 年，教育部颁布了《师范学院共同必修科目表》，具体规定"三民主义"为 4 学分，增列"伦理学"科目为 3 学分，社会科学类各科目，拟改为"社会学""法通论""政治学""经济学"等四科目选习 1 种 1 学分，共计 6 学分。自然科学类各科目，拟改为仅列"生物学"一科目，规定全员学生共同必修。其中，关于教育学科学分拟修改为"教育通论" 4 学分，"教育心理" 6 学分，"中等教育" 4 学分，"普通教学法"与"分科教学法"合并 6 学分。关于三年制简易师范学校，则规定实习时数酌加，"测验统计"拟并入"教育心理学"。1939 年 9 月，教育部颁布了《师范学院分系必修及选修科目表施行要点》，对师范学院的教育学、公民训育、国文、英语、数学、理化、史地、博物、体育等各系的必修和选修科目进行了明确规定，要求师范学院遵照实施。[①]如果师范学院于部定各系必修和选修科目之外增设必修及选修科目，均须呈教育部核准。具体科目设置情况如表 2-7 和表 2-8 所示。

表 2-7　师范学院共同必修科目表（1938 年教育部颁布）

科目		规定学分	第一学年		第二学年		第三学年		第四学年		备注
			上	下	上	下	上	下	上	下	
国文		8	4	4							
外国文		8	4	4							
社会科学		12	3	3	3	3					政治学、经济学、社会学、法学通论，任选 2 种，各 6 学分
自然科学		6—8	3—4	3—4							物理学、化学、生物学、人类学、地质学，任选 1 种，6 学分
哲学概论		4			2	2					两科目任选 1 种
或高等数学		6—8			8—14	3—4					
中国文化史		6	3	3							
西洋文化史		6			3	3					
教育	教育概论	6	3	3							
	教育心理	6			3	3					
中等教育学		6			3	3					
普通教学法		4							2	2	

注：三民主义、军训、体育、音乐均为必修科目，不给学分

资料来源：《二十七年部颁师范学院共同必修科目表》，《教育公报》，1945 年第 7 期，第 29—33 页

---

① 《教育法令：师范学院分系必修及选修科目表施行要点》，《教育通讯（汉口）》，1939 年第 43 期，第 7—8 页。

表 2-8　附修订师范学院科目表草案

科目		规定学分	第一学年		第二学年		第三学年		第四学年		备注
			上	下	上	下	上	下	上	下	
三民主义		4	2	2							
伦理学		3	3								
国文		8	4	4							
外国文		8	4	4							
中国通史		6	3	3							
西洋通史		6			3	3					注重文化之发展
社会科学	社会学	6			3	3					任选1种，6学分
	法学通论	6			3	3					
	政治学	6			3	3					
	经济学	6			3	3					
生物学		6	3	3							
哲学概论		3	3								任选1种，3学分
科学概论		3	3								
论理学		3	3								
教育专业科目	教育概论	3—4			3—4						
	教育心理学	6			3	3					
	中等教育学	6					3	3			

注：军训、体育、音乐均为必修科目，不给学分

资料来源：《二十七年部颁师范学院共同必修科目表》，《教育公报》，1945 年第 7 期，第 29—33 页

　　根据教育部颁布的《师范学院规程》的相关课程标准，西南联大师范学院开始着手进行课程的设置。就课程而言，教育学系与师范学院所有其他各系至少有一个明显不同的方面，如师范学院之国文、外国语、史地、博物、理化等系，与民国初年高等师范学院设立的各部虽然大多相同，在 1923 年"高师改大"后与 1938 年教育部设师范学院令之前，高等师范大学制度陷于中断，以前的"部"和现在的"系"均未能保证其连续性，但是教育学系则没有出现此类情况。

在教育学人常道直看来，师范学院教育学系课程设置需要重点考虑在"教育学系中设置辅系"。他详细论证了教育学系学生兼修其他学科的必要性与重要性，同时论证了在教育学系中设置辅系或分组专修科应注意的几个问题：各师范学院应于必要时候，在教育部制定的各学系必修科目之外，根据实际需要及具体的设备情形，增设分系或分组必修科目，如大致可以依据"普通基本科目"分为国文、外国语、社会科学、自然科学、哲学、历史等小组，同时应该先设置对教育研究有直接贡献的科目。①具体来看，西南联大师范学院各系必修课程包括国文、英文、中国通史或西洋通史、教育概论、普通心理学、教育心理学、音乐教育等。②西南联大师范学院的选课制，一方面充分发挥强大的师资力量，另一方面达到了预期的育人效果，促进了教师素质与教学水平的不断提高。

众所周知，西南联大师范学院始终将培养地方中等师资作为人才培养的核心任务，具体来看，师范学院设立的目的主要有以下两个方面：其一，为研究高深学问；其二，为培养中等学校健全之师资。就前者而言，其使命与文、理、法商等各学院大致相同；就后者而言，其使命又是师范学院所特有的。因此，可以说师范学院肩负的使命较其他院系更为重大，进入师范学院的学生也应同时具有研究学问的天赋与诲人不倦的精神。就师范学院教育学系而言，课程设置的目的则在于，使学生对教育方面各种重要问题，养成独立探索及解决问题的能力，并使学生在毕业之后能在各类师范学校担任各教育科目的教学工作。1940 年 3 月，师范学院教育学系起草了《师范研究所教育门计划书》，准备招收教育学及心理学硕士研究生。③从师范学院发布的课程学分设置方案来看，普通基本科目与教育基本科目所占比例较高，此种设计一方面延续了西南联大长久以来倡导的"通识教育、教人与育人并重"的基本育人理念，另一方面也体现

---

① 常道直：《师范学院教育学系课程问题》，《教育通讯（汉口）》，1941 年第 19 期，第 1—4 页。

② 卢飞白：《联大剪影》，《新青年》，1940 年第 2 期，第 14—15 页。

③ 史晓宇：《西南联大内部制度：理念、设计、运行探析》，《黑龙江高教研究》，2014 年第 2 期，第 54—58 页。

出西南联大师范学院对教育教学的重视，在培育过程中注重教师教学基本技能与理论知识的学习。

基于此，西南联大师范学院教育学系的课程安排分为三部分：第一部分为师范学院共同的必修科目；第二部分为普通基本学科科目；第三部分为教育基本科目。其中，第二部分课程主要包括党义、国文、外国文、社会科学、自然科学、哲学、本国文化史、西洋文化史等科目，第三部分课程则主要包括教育概论、教育心理、中等教育及普通心理学、教育统计、心理及教育测验、发展心理学、初等教育、社会教育、训育原理及实施、教育行政等科目。公民训育系专任教授仅有倪中方、杜元载，教职员人数不敷使用，且由于教育学系的专任教授多为公民训育系的兼任教授，公民训育系课程与教育学系课程大体相同，如黄钰生的"教育概论"、樊际昌的"教育学"、徐继祖的"中等教育"、倪中方的"普通心理学"、陈雪屏的"教育心理学"等课程均为全体师范学院各系的必修课程。[①]但由于教育部所定课程较多、较杂，且必修课所占比例较高，自由选择度较小，仅有十余门课程可供学生进行选择，教育学系的学生毕业以后，如任中学教员，除了教育科目之外，并无其他课程可教，因此需要对课程进行改革。

值得注意的是，师范学院也根据自身的实际情况及当地中等师资培养的实际需要，因地制宜地对人才培养方案进行了相关修订，针对高等师范生的培养拟定了一系列人才培养的具体标准。首先，对于一切事物，应具有良好之态度；其次，对于国家之需要与困难，应有真确之认识；最后，对于教导学生，应有相当技能与良好之方法。[②]当然，以上三个方面的标准应落实在以下五个方面的培养工作中：第一，心怀祖国，热爱教育，热爱学生；第二，具有丰富的科学文化基础知识；第三，具有扎实的有关教育的基础知识；第四，具有胜任中等学校师资专科

---

① 吴宝璋：《云南师范大学史略》，见中国人民政治协商会议云南省昆明市委员会文史资料委员会《昆明文史资料选辑——（第十五辑）》，内部资料，1990年，第44页。

② 杨集成：《西南联大师范学院简记》，见中国人民政治协商会议云南省昆明市委员会文史资料委员会《昆明文史资料选辑（第二十一辑）》，内部资料，1993年，第252—265页。

教学的知识、技能及方法；第五，具有良好的品德、作风及言行举止，足以作为青少年学生的表率。

为了达到这一人才培养目标，师范学院十分重视师范生基础课程的学习，同时注重培养学生广阔的知识面、较为卓越的综合实践能力，旨在培养一个既有知识又有教学能力，强调素质养成的高质量中等学校任教教师。当然，除了达成"博专结合、通才教育、强调综合能力"这一培养目标，师范学院的课程设置中也特别强调了公共必修课的比例，如师范学院的课程除了教育部规定的必修、选修课程之外，学生还需要按照西南联大自身的规定修课，如师范学院规定学生大一需要修习一定的公共课，还需要修习各系所规定的共同课程。此外，师范生还需要加修"教育概论""教育心理学""中等教育研究""教材教法"等专门课程。

从理论上讲，高等师范教育不同于一般的高等教育，在课程设置、修业年限上不能照搬西南联大其他学院的课程与模式，不少课程"名义上相同，但宗旨相殊"[1]。由于本科及专修科的学制不同，对课程和学分的规定各有不同（本科生要修足 170 学分，专科生要修足 120 学分，而其他四大学院的学生只需修满 136 学分就可以毕业），但总的目标是一致的，均是培养优良的中等教育师资。师范学院各学系的学制均较西南联大其他学院稍长，文、法商、理、工各学院的学制均为 4 年，而师范学院则实行 5 年学制，比其他学院延长 1 年，最后一年主要为师范学院学生安排教育实习。课程有全校的共同必修课、全院的共同必修课、本学系所的专业必修课及选修课 4 类。3 类必修课的学分约各占总学分的 30%，选修课的学分约占 15%。课程类别分为普通基本科目（52 学分）、教育基本科目（22 学分）、分系专门科目（72 学分）、专业训练科目（含分科教材教法研究及教学实习，68 学分），共计 214 学分。其修读课程分别为：①普通基本科目，与西南联

---

① 杨集成：《西南联大师范学院简记》，见中国人民政治协商会议云南省昆明市委员会文史资料委员会《昆明文史资料选辑（第二十一辑）》，内部资料，1993 年，第 252—265 页。

大文、理学院规定的共同必修课程基本相同，包括"国文""英文""社会科学""自然科学""哲学概论""中国通史""西洋通史"等科目；②教育基本科目，是师范学院各系学生的共同必修课程，包括"教育学概论""中等教育""教育心理学""普通教学法"等科目；③分系专门科目；④专业训练科目。1941年12月，教育部公布了《师范学校（科）学生实习办法》，其中严格规定：各师范学校建立师范生实习指导委员会，以专门负责师范生实习计划、指导和管理等事宜。该办法还对该委员会的组成及师范生实习的时间、内容、场所和实习展开、成绩的评定等做了原则性的规定，教育学系又因此增加了相应的实习部分课程学分。[1]值得注意的是，由于教师部分为兼聘，课程选定教授很难限定在教育学系，有部分任课教师是与他系共同安排的，例如，罗廷光、樊际昌、马约翰等。师范学院教育学系学生授课，除了师范学院专聘教授以外，其余各学系所学学科均与文、法、理学院相同，且受官费资助。

在教学方面，西南联大师范学院教育学系各学科的教学方法主要有课堂讲授、课堂讨论、课外辅导及现场教学等。其中，课堂讲授提倡启发式教学，强调理论联系实际；课堂讨论是全班学生在教师的有效指导之下，集体研究教育问题；课外辅导是教师针对学生存在的问题进行指导，其作用是补充课堂教学的不足，同时还可以针对不同的对象因材施教；现场教学是教师根据教材的需要，组织学生到校外和一定场所，如工厂、农村、自然界等，带领学生直接观察事物与现象，或亲自参加某项具体工作实践，以获得直接、感性的知识。另外，西南联大师范学院教育学系任课教师中西兼备的学业背景，也为教育学系的授课模式注入了生命力。除了按照既定的教学模式进行教学之外，教师还充分参考欧美国家灵活、生动的教学模式进行授课，体现了教学过程中对学生理解能力培养的重视。

为了详细说明西南联大师范学院教育学系的具体课程安排，表2-9—表2-14列出了抗日战争时期西南联大师范学院教育学系部分年度开设的课程。

---

① 《师范学校（科）学生实习办法》，《四川省政府公报》，1942年第94期，第3—5页。

表 2-9　西南联大师范学院教育学系开设必修、选修课程一览（1938—1939 年）

学程	必修或选修	学期	学分	教师
普通心理学	I		6	樊际昌
教育概论	I		6	黄钰生
教育心理学	II		6	陈雪屏
中等教育	II	下	6	陈友松
教育统计学	II		4	曾作忠
普通教学法	III		4	罗廷光
比较教育	III		6	罗廷光
心理及教育测验	III		4	曾作忠
西洋教育史	III		6	邱椿
训育论	必修	下	3	查良钊
变态心理及精神卫生			6	樊际昌
儿童心理学	3		4	陈雪屏
中国教育史			4	邱椿
青年心理学	选修		4	曾作忠
家庭管理学	选修	上	3	陈意
营养学		下	3	陈意
学校行政问题	师二		4	查良钊
教育财政学		下	2	陈友松

资料来源：北京大学，清华大学，南开大学等：《国立西南联合大学史料　三　教学、科研卷》，昆明：云南教育出版社，1998 年，第 171—172 页

表 2-10　西南联大师范学院教育学系开设必修、选修课程一览（1939—1940 年）

学程	必修或选修	学期	学分	教师
普通心理	I		6	樊际昌
教育概论	I		6	黄钰生
教育心理学　甲（注一）	II		6	陈雪屏
教育心理学　乙（注二）	II		6	陈雪屏
中等教育	II	下	6	陈友松
教育统计学	II		4	曾作忠

续表

学程	必修或选修	学期	学分	教师
教育名著选读	2		4	黄钰生
普通教学法	Ⅲ		4	罗廷光
教育社会学	Ⅲ		4	陈友松
西洋教育史	Ⅲ		6	田培林
心理及教育测验	Ⅲ		4	曾作忠
儿童心理学	3		4	陈雪屏
社会心理学	3	下	3	樊际昌
教育哲学	Ⅳ		2	孟宪承
训育论	Ⅳ	上	3	查良钊
教育及学校行政	Ⅳ		6	罗廷光
职业教育	4		4	喻兆明
教育视导		下	2	罗廷光
青年问题		下	2	查良钊
童子军教育 男（注四）	Ⅲ		4	朱守训
童子军教育 女	Ⅲ		4	朱守训
童子军教育 男	Ⅱ		4	朱守训
童子军教育 女	Ⅱ		4	朱守训
童子军教育 男	Ⅳ		4	朱守训
音乐教育 甲（注五）				刘振汉
音乐教育 乙（注五）				刘振汉
音乐教育 丙（注五）				刘振汉
论文讨论（注三）				

注一：专为教育学系及公民训育系而设
注二：为师范学院其他各系而设
注三：分组召集讨论无确定之上课时间
注四：教育及公民学系二、三年级必修
注五：师范学院一、二年级必修，三、四年级选修

资料来源：北京大学，清华大学，南开大学等:《国立西南联合大学史料 三 教学、科研卷》，昆明：云南教育出版社，1998 年，第 196—197 页

表 2-11   西南联大师范学院教育学系开设必修、选修课程一览（1941—1942 年）

学程	必修或选修	学期	学分	教师
普通心理学	I		6	樊际昌
教育概论	I		6	黄钰生
教育心理学	II		6	陈雪屏
中等教育	II		6	徐继祖
教育统计学	II		4	胡毅
教育名著选读	2	下	2	王纯修
普通教学法	III		4	胡毅
发展心理学	III		4	陈雪屏
中国教育史	III		6	王维诚
心理及教育测验	III		4	倪中方
训育原理及实施	III		3	查良钊
初等教育	III	上	2	王纯修
西洋教育史	IV		6	陈友松
升学及就业指导	3	下	2	倪中方
社会心理学	3	下	3	樊际昌
教育哲学	IV		2	田培林
教育行政	IV		4	陈友松
教育视导及调查	4	下	2	徐继祖
中等教育专家研究	4	上	2	田培林
职业教育	4	上	2	喻兆明
心理卫生（注一）	4	上	2	倪中方
青年心理学（注一）	4	下	3	倪中方
比较教育	V		4	陈友松
分科教材及教法研究	V		2	胡毅及其他导师
教学实习	V		10	胡毅及其他导师
论文	V		2	
学校行政	5	上	3	徐继组
体育与卫生（注二）	5	上，下	2	马约翰
人格心理学	5	下	2	王纯修
音乐教育	II、III、IV			顾钟琳

续表

学程	必修或选修	学期	学分	教师
体育与卫生	2，3，4	下	2	马约翰
教育法令		下	3	杜元载
中学行政问题		下	2	沈履

注一：与公民训育系合设

注二：与公民训育系合设

资料来源：北京大学，清华大学，南开大学等：《国立西南联合大学史料　三　教学、科研卷》，昆明：云南教育出版社，1998年，第263—264页

表2-12　西南联大师范学院教育学系开设必修、选修课程一览（1942—1943年）

学程	必修或选修	学期	学分	教师
教育概论	I		6	黄钰生
普通心理学	I		6	樊际昌
中等教育	II		6	徐继祖
教育心理学（注一）	II		6	陈雪屏
教育统计学	II		4	胡毅
中国教育史	III		6	王维诚
训育原理及实施	III	上	3	查良钊
发展心理学	III	上	4	陈雪屏
心理及教育测验	III		4	曹日昌
普通教学法	III		4	胡毅
升学及就业指导（注二）	3		2	倪中方
青年问题	3		2	查良钊
社会心理学	IV		4	樊际昌
教育哲学	IV		4	汪懋祖
西洋教育史	IV		6	陈雪屏
比较教育	IV		4	陈友松（上学期停开）
教育行政	IV		4	徐继祖
分科教材及教法研究	IV		6	由本系教授另组
教学实习	IV		4	委员会指导
中外教育专家研究	4	上	4	胡毅
心理卫生	4	下	2	倪中方
青年心理学	4	上	3	倪中方

续表

学程	必修或选修	学期	学分	教师
人格心理学	4	下	2	陈雪屏
二年国文	Ⅱ		4	张清常
图书馆学			4	董明道
中学行政问题	4	下	2	沈履

注一：讨论时间有时改作实习，但次数不定

注二：与公民训育系合开

资料来源：北京大学，清华大学，南开大学等：《国立西南联合大学史料　三　教学、科研卷》，昆明：云南教育出版社，1998年，第298—300页

表2-13　西南联大师范学院教育学系开设必修、选修课程一览（1945—1946年）

学程	必修或选修	学期	学分	教师
教育概论	Ⅰ		6	黄钰生
普通心理学	Ⅰ		6	樊际昌
教育心理学	Ⅱ		6	陈雪屏
中等教育	Ⅱ		6	徐继祖
教育史	Ⅲ		6	汪懋祖
教育统计学	Ⅱ		4	胡毅
教育行政	Ⅲ		4	陈友松
发展心理学	Ⅲ		4	倪中方
心理及教育测验	Ⅲ		4	曹日昌
训育原理及实施	Ⅳ	上	3	查良钊
普通教学法	Ⅲ		4	胡毅
教育哲学	Ⅳ		4	汪懋祖
比较教育	Ⅳ		4	陈友松
教学实习	Ⅴ		16	本系教授
社会教育	Ⅲ	下	2	陈友松
青年问题	4	下	2	查良钊
心理卫生	3	下	2	倪中方
应用心理学	4	下	4	倪中方
教育视导及调查	4	上	3	徐继祖
社会心理学	4	下	3	樊际昌

续表

学程	必修或选修	学期	学分	教师
中学行政问题	4	下	2	沈履
分科教材及教法研究	V		8	本系教授
毕业论文	IV		3	本系教授

资料来源：北京大学，清华大学，南开大学等：《国立西南联合大学史料 三 教学、科研卷》，昆明：云南教育出版社，1998年，第331—332页

表 2-14 师范学院教育学系所设晋修班开设课程一览（文史地组）

课程	教师
历代文选	张清常
中国地理	张印堂
现代文选	李广田
各文体习作	张清常、李广田
中国通史	孙毓棠
科学与文化	
中国教育问题	卢濬
西洋地理	王乃樑
体育	侯洛荀

资料来源：北京大学，清华大学，南开大学等：《国立西南联合大学史料 三 教学、科研卷》，昆明：云南教育出版社，1998年，第368页

　　由上述各年度西南联大师范学院教育学系开设的必修、选修课程可见，其课程设置具有以下特点。

　　首先，西南联大师范学院教育学系的课程设置注重灵活性与现实需求，与教育部规定的课程相比是有明显差异的，呈现出一种规范而又具有弹性的特点。西南联大师范学院教育学系的课程设置在部颁课程的基础上，结合时代特点与地方需要，采用了更为适合自己的课程体系，针对抗战需要，开设了童子军教育、童子军训练、营养学等符合战时需要的课程。另外，其还结合云南当地对中等教育师资的需求，开设了许多中等教育方面的课程，如"中等教育""中学行政问题""中学视导"

"家庭管理学""教育财政学""教育专家研究"（中等教育专家研究、中外教育专家研究）等，充分体现了课程设置的自由、民主。同时，教学实习、毕业论文写作、各科教材教法等课程由全系教授委员会进行指导，也将学生毕业资格的审查提升到了重要地位。众所周知，20 世纪 30—40 年代，西南联大师范学院教育学系的人才培养已从西方移植逐渐走向了本土化与"在地化"特色相结合的阶段，尤其是 20 世纪 40 年代后，该学系的教员队伍已经趋于稳定，学生规模基本保持在每年 30—40 人。西南联大师范学院教育学系的课程在固有的课程设置过程中综合考虑了地方的需求与抗战军兴的诉求，从而使学生教育在达到基本课程的培养规范和标准的基础上，具有一定的弹性与灵活性。

其次，西南联大师范学院教育学系的课程设置还充分考虑到了学生毕业后的就业去向，充分照顾到了人才培养与地方教育管理行政体系提升的需求，目的是让学生获得知识及感知能力，具有智识、好奇心与审美感，兼具道德自觉与自我实现，同时为职业生涯做好充分准备。其课程设置主要侧重于培养教育行政管理人员，如关于教育行政方面的课程有"教育行政""中学行政问题""教育与学校行政""学校行政问题""家庭管理学"等，另外还开设了"训育原理与实施""青年问题""升学与就业指导""教育视导""教育视导与调查""中学视导""中学教育法令"等关于行政管理方面的课程，为实现人才培养目标奠定了基础。①

西南联大师范学院教育学系在严格执行教育部颁发的《师范学院规程》的基础上，还印发了相关文件，要求师范本科学生必须在 5 年内修满规定的学分，学生的知识、思想、态度、理念与其整个人格还必须达到足以领导青年、为人师表的要求。对于师范生的考核，除规定的各种要求外，还必须进行纵向三次甄别审查：①第一学年结束时，对学生进行第一次甄别审查，如果在知识、态度方面有不符合标准者，学院给予警告，促使其努力进修，或给予留级处分，或令其退学；②第三学年肄业结束时，进行第二次甄别审查，如果在知识、态度方面仍然有不符合标准者，

---

① 项建英：《近代中国大学教育学科研究》，上海：华东师范大学出版社，2012 年，第 163—164 页。

学院予以留级或退学处分；③第三次甄别审查于第五学年肄业结束时进行，如果在知识和态度方面仍有不能达到毕业标准者，即不得毕业。①为了严格执行师范学院课程授课标准，西南联大师范学院教育学系还聘请查良钊作为主任导师，专门负责学生训导事宜，这也充分体现了西南联大师范学院教育学系课程施行的严格性特征。

第三节 西南联大师范学院教育学系的学术研究

西南联大师范学院教育学系十分重视对师范生实践能力的培养，以养成中等学校之健全师资为目的，因此在教学过程中注重学生教学能力的养成。西南联大师范学院于第五学年开设论文研究班，学生选定毕业论文题目之后，除了接受该课教员及所属导师的指导，每星期还需要在论文研究班讨论一次，轮流报告其研究结果，并听取其他教员和同学的意见，加以修正。毕业阶段，毕业论文须与毕业考试成绩、实习成绩及各科成绩一并计算为毕业成绩。从主题方面来看，西南联大师范学院学生的毕业论文偏重于各科实际课程和教材或教法研究工作，同时在毕业论文的撰写方面，鼓励学生积极关注地方教育问题。表2-15为部分西南联大师范学院教育学系毕业生的毕业论文题目。从中可见，西南联大师范学院教育学系很多学生的毕业论文均关注到了教育实践、教育比较、乡村教育建设等问题，学生在毕业论文研究中，针对学前儿童的家庭教育、昆明市小学教育之实际、云南书院制度兴废概况、家庭教育之重要及其与学校教育之关系、乡村小学国语教学研究、如何推进云南边地小学教育、抗战建设中之难童教育等问题，均进行了相关研究。

---

① 云南西南联大校友会：《难忘联大岁月——国立西南联合大学在昆建校六十周年纪念文集》，昆明：云南教育出版社，1998年，第9页。

表 2-15　西南联大师范学院教育学系部分学生毕业论文调查表

著者	论文题目
孙谛知	Pestalozzi 之研究
萧厚德	中国人格理论史的研究
刘盈	惩罚之效果
陈熙昌	最近对于迁移的理论分析
周树人	关于梁启超的教育思想
陈端仪	婴儿行为发展之观察
刘嘉英	学前儿童的家庭教育
王家声	昆明市小学教育之实际
郭瑀	我国农村社会教育之实施
郅玉汝	情感对于记忆之影响
和德璋	我国现行中学教育制度之研究
曹元龄	两部初中国文教科书之分析
邓也迟	云南书院制度兴废概况
李燮昆	家庭教育之重要及其与学校教育之关系
徐鹤英	农村妇女教育问题
冯德福	中国女子教育之研究
王家障	性教育的意义与实施的方法
杨清	父母态度对于儿童品格的影响
赵悦霖	梁启超的教育思想
王习之	三十年来中国社会教育发展之概况
王恩溥	一个县教育财政之改进
曹文焘	一个县立中学之改进
陈龙章	柏拉图的教育思想
高本荫译	Cole 原著：中学教育职业指导
高道通译	Thomas H.Brigges：Sandary Education
吴美兰	中国妇女教育之今昔
汪绥英	两性差异之研究大纲
郭宝玉	董仲舒的教育思想
张德徽	近代中国学制变迁考

续表

著者	论文题目
李荣畅	四国中等教育之比较研究
郭松懋	中国合作教育之研究
王焕斗	推进云南边地小学教育刍议
吴祥骎	德意志中学教师之训练及其待遇
张凤祥	初中历史教材之研究
张宗舜	中国家庭教育之改进
唐志贤	抗战建设中之难童教育
李秀清	乡村小学汉语教学研究
吴织云	我国之学前教育
钱安进	课程及教学方法中之品格教育
徐克清	问题儿童的发生和矫治

资料来源:清华大学校史研究室:《清华大学史料选编 第三卷(下) 西南联合大学与清华大学(1937—1946)》,北京:清华大学出版社,1994 年,第 501—503 页

另外,西南联大师范学院教育学系还鼓励学生开展相关的科研活动。具体来看,西南联大师范学院教育学系的科研活动,主要体现在以下三方面:其一,西南联大师范学院教育学系根据中等学校教育、教学及社会教育等实际情况,在社会服务实践及调查中进行某些实验,成立研究室和学会,举办座谈会和讨论会,在昆明的报刊上主办了"教育专栏"等,并取得了一定成绩。其二,建院初期,成立教育研究室,招收师范学院毕业(具有研究兴趣)或大学其他对教育问题感兴趣的师范生。同时,注重收集云南省众多教育研究材料,全系每半月开会一次,讨论专题,报告研究心得。其三,抗日战争胜利前夕,有计划地举办战后教育座谈会,讨论范围涉及教育的各个领域,全体教授、讲师、助教参加,发言踊跃。西南联大师范学院教育学系每次开会几乎均在 3—4 个小时,相关人员将发言记录经整理后呈送教育部。

西南联大师范学院教育学系教师在完成教学任务之余开展的一系列具体的事务活动中,很重要的一项就是教育研究论文的撰写与发表。这项工作既能为教育学

系学人彼此之间的交流提供重要契机，也能为不同的理念相互碰撞提供重要平台。更重要的是，西南联大师范学院教育学系教师教育研究论文的发表，也提升了该学系的学术影响力。20世纪30年代中后期至40年代中期，由于社会对云南当地教育发展十分重视，昆明出版的教育刊物有所增加，一时间云南就有了几十种大小报刊，西南联大师范学院教育学系教师撰文较多，其中社论、教育专论多是该学系教授所写。西南联大师范学院教育系教师发表的大量文章、对时事及教育的评论等，无不真诚地表达了彼时教育学学人的教育理想、追求。西南联大师范学院教育学系教师发表的教育论文如表2-16所示。

表2-16　西南联大师范学院教育学系教师发表教育论文一览

教育学系教师	文章	发表刊物
邱椿	生活指导：青年成功之路	《读书通讯》1944年第99期，第7—9页
	救救中学生	《今日评论》1939年第10期，第11—13页
	和平的情绪态度之培养	《中央训练团团刊》1943年第185期，第1500—1503页
	列宁的教育思想	《江西地方教育》1940年第194—196期，第22—27页
	现代教育思潮的鸟瞰	《江西地方教育》1939年第163期，第7—15页
	今年是三民主义的文化运动年	《吉安动员》1941年第1期，第18—20页
	边疆教育与民族问题	《教育通讯（汉口）》1939年第23期，第1—3页
	中国教育思想简史（上）	《教育通讯（汉口）》1938年第16期，第8—10页
	中国教育思想简史（下）	《教育通讯（汉口）》1938年第18期，第9—12页
	体育的重新估价	《教育通讯（汉口）》1940年第26期，第5—8页
	教育与中华民族的复兴（未完）	《教育通讯（汉口）》1938年第10期，第1—6页
	中国教育思想的体系	《书报精华》1945年第7期，第7—12页
	我国教育的新动向	《读书通讯》1946年第121期，第1—2页
	三民主义教育学	《民族文化》1942年第75期，第32—37页
	三民主义教育学（续完）	《中央训练团团刊》1943年第176期，第1408—1411页
	从文化哲学观点探讨精神总动员的本质	《中央周刊》1939年第36期，第2—4页
	教师任务之重新的解释	《江西地方教育》1940年第174—175期，第2—7页
	国民教育的新趋势（上）	《教育通讯（汉口）》1940年第43期，第1—6页

续表

教育学系教师	文章	发表刊物
邱椿	国民教育的新趋势（下）	《教育通讯（汉口）》1940年第44期，第3—9页
	什么是师范学院的使命	《教育通讯（汉口）》1940年第15期，第3—7页
	我国地方教育行政的需要	《教育通讯（汉口）》1941年第6期，第1—4页
	教育思想体系的演变、现代各派教育哲学或哲学的教育学	与许崇清合著，《教育研究（广州）》，1946年第109期，第9—27页
陈雪屏	论学生服兵役	《当代评论》1942年第4期，第8—10页
	战后世界的心理改造	《当代评论》1944年第9期，第11—12页
	工业建国应有的准备	《当代评论》1942年第1期，第2—4页
	从军笔谈	与雷海宗、贺麟合著，《青年之友（昆明）》1945年第1期，第8页
	十年来国民心理的变迁	《当代评论》1941年第11期，第4—5页
	今日青年所遭遇的危机	《当代评论》1941年第19期，第3—5页
	命运新解	《中央周刊》1945年第39—40期，第13—15页
	工作与闲暇	《今日评论》1940年第10期，第153—154页
	中等教育的危机	《今日评论》1941年第13期，第216—219页
陈友松	论中学制度与课程	《中等教育季刊》1941年第1期，第19—25页
	苏联的教育研究	《教与学》1939年第6—7期，第27—32页
	美国高等教育的趋势	《教育通讯（汉口）》1946年复刊1第9期，第1—3页
	评新教育哲学	《建国评论》1946年第5期，第9—11页
	动力时代的社会变迁与教育	《建国评论》1946年第9期，第9—11页
	生活艺术化	《建国评论》1946年第8期，第6—9页
	实验中学的课程应如何实验	《教育与科学》1946年第2期，第7—10页
	中学教育要改进了	《现代文丛》1946年第2期，第7—8页
	新时代的人文科学	《东方杂志》1943年第5期，第24—26页
	品格教育之最近趋势	《今日评论》1940年第4期，第57—58页
	现代教育思潮蠡测	《今日评论》1941年第7期，第103—105页
	暹罗华侨的教育问题	《今日评论》1939年第15期，第230—232页
	论小学教师的待遇（上）：一个普及教育的根本问题	《今日评论》1940年第5期，第72—73页
	民生教育与西南建设	《民生教育》1939年第4期，第1—3页

续表

教育学系教师	文章	发表刊物
陈友松	原子时代的云南	《沧怒新潮》1946 年创刊号，第 5 页
	新时代的教育宗旨	《观察》1946 年第 10 期，第 4—7 页
	世界各国教育普及之比较观	《观察》1946 年第 17 期，第 8—9 页
	时文集纳：从教育应配合国策说起	《智慧》1946 年第 60 期，第 13—14 页
	世界各国教育普及之比较观	《团结》1946 年第 4 期，第 14—15 页
	教育机会平等的真谛	《当代评论》1944 年第 7 期，第 7—9 页
	西南的教育建设问题	《荡寇志》1941 年第 4 期，第 6—7 页
	新时代的人性观与教育	《大地周报》1946 年第 7 期，第 3—4 页
罗廷光	划时代的社会教育	《教育通讯（汉口）》1941 年第 41—42 期，第 8—9 页
	政治教育刍议	《教与学》1938 年第 6 期，第 6—11 页
	新时代师范教育实施的原则	《教育通讯（汉口）》1939 年第 1 期，第 12—13 页
	训育是什么	《教育通讯（汉口）》1943 年第 7 期，第 2—4 页
	现在通行的几种教法的检讨	与芳田合著，《教育》1946 年第 5 期，第 28 页
	今后之国民教育	《教育通讯（汉口）》1940 年第 23 期，第 1—3 页
	青年精神总动员实施方法	《教与学》1939 年第 3 期，第 14—16 页
	重振师道与教师生活	《教与学》1941 年第 5—6 期，第 19—20 页
	教育评论：战时中学生训练问题	《教与学》1938 年第 9 期，第 6—9 页
	如何选习大学教育学系	《读书通讯》1946 年第 118 期，第 16—18 页
	读书的教育	《教育通讯（汉口）》1941 年第 8—9 期，第 1—3 页
	关于导师制的讨论：实施导师制时应有之考虑	《教育杂志》1938 年第 5 期，第 51—54 页
	今后的努力	《时代评论（昆明）》1945 年第 6 期，第 2 页
	师资训练的一条出路	《当代评论》1942 年第 3 期，第 12—14 页
胡毅	师范学院与师资训练前途之危机	《当代评论》1941 年第 17 期，第 8—10 页
	教育与民主生活	《民主周刊（昆明）》1945 年第 15 期，第 4—5 页
	民主生活之个人准备	《民主周刊（昆明）》1945 年第 8 期，第 3—5 页
汪懋祖	苍山洱海之间	《东方杂志》1946 年第 16 期，第 45—51 页
	大理办学回忆（诗）	《政衡》1946 年第 1 期，第 43 页

续表

教育学系教师	文章	发表刊物
汪懋祖	中央政治学校大理分校附属小学成立记	《教育通讯（汉口）》1943 年第 21 期，第 12 页
	抗战期间在滇西推进边疆教育工作追记	《教育通讯（汉口）》1946 年复刊 2 第 4 期，第 9—13 页
	滇西教育考察谈	《教与学》1938 年第 10 期，第 49—51 页
	中学制度及课程问题之检讨	《教育通讯（汉口）》1946 年复刊 1 第 3 期，第 3—6 页
	中央政治学校大理分校生产教育实施方案	《教与学》1939 年第 5 期，第 34—37 页
	青年教育的重心	《政衡》1946 年第 2 期，第 17—18 页
	鸡足山巡礼	《东方杂志》1946 年第 13 期，第 47—53 页
倪中方	关于教员服务奖状的一些意见	《今日评论》1941 年第 11 期，第 170—171 页
	心理展览的一个尝试	与方志平合著，《建国教育》1940 年第 1 期，第 50—52 页
	如何使民众注意抗战宣传	《战时知识》1938 年第 11 期，第 18 页
曾作忠	我所希望于今年的教育界	《广西教育研究》1942 年第 1 期，第 2—3 页
	师范学院必须单独设立的理由	《广西教育研究》1942 年第 2 期，第 2 页
杜元载	中学国防教育实施方案刍议	《现代读物》1938 年第 5 期，第 5—12 页
	抗战建国期中实施社教方法的革新：献于出席教育部社教讨论会诸位代表之前	《现代读物》1938 年第 1 期，第 14—15 页
魏泽馨	补充教材与教学法：中学国文的讲解问题	《教育》1946 年第 2 期，第 29—32 页
	抗战二周年与全国小学教育界	《教育短波》1939 年第 17 期，第 6—8 页
	中学国文的讲解问题：教学散记之一	《教育通讯（汉口）》1940 年第 16 期，第 6—10 页
	中学国文教学应有的调协（上）	《教育通讯（汉口）》1941 年第 5 期，第 12—15 页
	中学国文教学应有的调协（下）	《教育通讯（汉口）》1941 年第 6 期，第 11—12 页
	中学国文教学的课前准备（下）	《教育通讯（汉口）》1941 第 31 期，第 14—16 页
	中学生的偷窃问题：中学实际问题研讨之八	《中等教育季刊》1942 年第 3—4 期，第 50—51、53—57 页

值得注意的是，《云南日报》作为云南当地唯一的且覆盖面最广、影响力最大的报纸，以言论正大、消息灵通、报道准确、记载翔实、销售数量最多而闻名。西南联大师范学院教育学系的很多教师在此刊物上发表了文章。为了在战争时期满足教育工作者的需要，也为了给全省的教育界同志提供一个可相互探讨的园地，让他们彼此交换意见并提出自己对教育问题的见解，借此调整云南省教育界的"步伐"，1943 年 10 月 10 日，《正义报》在昆明创刊。该报"教育青年"栏目，积极向西南联大师范学院教育学系教师约稿。此外，《云南教育通讯》《教育与科学》等刊物亦刊登了西南联大师范学院教育学系教授的大量教育研究论文。由此可见，西南联大师范学院教育学人的科学研究不仅局限于课堂中，而是打破了讨论研究的"围墙"，从传统的"象牙塔"中走出，积极拓展了教育讨论研究的空间。

我们可以发现，西南联大师范学院教育学系教师是参与战时云南教育问题讨论的主要作者群。

从西南联大师范学院教育学系教师所撰论文的主题来看，大多是民国时期国内外重要的教育问题。各类报刊刊登的教育文章积极对抗战教育与民众教育、现代教育行政、文化与社会、科学、地方教育时事纪要、训育教学问题、儿童教育研究、民主教育、师资培养与教育经费、有声教育等相关主题展开讨论，既大大丰富了地方大众的教育知识，也为西南联大师范学院教育学系教师提供了表达自身观点及意见的平台。从作者名单看，这些文章的作者多为教育界之泰斗或著名教授，如胡毅、陈友松、倪中方、陈雪屏、汪懋祖等。这些刊登在云南本土刊物上的教育研究论文产生了巨大的反响，有些教育学人的教育研究专文曾一度传播较广。后来，由于受战事、经费支绌、来稿不稳定等因素的影响，除了少数几个刊物依然维持发行外，其他刊物大多遭遇停刊的命运。

综合来看，这些教育论文无不触及了当时教育的深层次问题，并发人深省。如陈雪屏在《中等教育的危机》中认为，中等教育如今面临着严重的三重危机，几有不可救药之势态：

我国的教育制度……最初模仿日本，以后追随美国……几次尝试，几次失败，徘徊不定，全无准则，毕竟未能和我国特殊的环境与故有的文化相配合。经过了长期的国难，它当然要受致命的打击；平时我们原已觉察出它的脆弱，现在更是百孔千疮，破绽毕露。

从大处来说，大多数国民缺乏民族观念与国家意识，不能自动参加有关抗战的公众服务；技术人员绝对不敷分配；后方民众仍耽于安逸享乐，而且利用经济的变动作些为害于国家的投机事业；团体生活中充满了倾轧猜忌等人事的纠纷；行政的组织与管理大都违反现代科学化的原则……

从学校本身来说，在各级学校中师资的质量都和应有的标准相距甚远。课程也和学生的个性与当前的需要脱节；学生的程度是一年低于一年；学生的精神涣散，生活随意，而且对于现状认识不足……①

在《中等教育的危机》一文中，陈雪屏还对我国中等学校教师的薪酬进行了讨论。1937 年以前，教师在数量方面早已显得不足。教育部公布的 1936 年度全国中等教育概况显示，全国公私立中等学校有 3264 所，教职员人数为 60 138 人，每校平均仅有教员 18 人，每一年级平均人数更少。就质的方面来说，全国各省市的中学教员，平均有 25%的教员并未在中等以上学校毕业，可以说"做教师"是全无资格。从 1938 年云南省教育厅公布的统计数据来看，全无资格者占总数的 57%，而受过专业训练者仅占 13%。固然近年来中学教师的待遇已随着生活水平的提高有所改善，但他们曾在大学刻苦学习了四年，根底颇好且有相当的经验，每月所得至多也不过是 180 元。此外，中等学校的经费常属不足。以云南省的中等教育经费而言，1933 年共为 50 余万元，平均每一学生仅占教育经费 37.5 元，1938 年为 92.8 万余元，平均每一学生仅占教育经费 42 元，而县市立中学每一学生仅占教育经费 14 元。尤其是 1938 年 8 月—1939 年 7 月，

---

① 陈雪屏：《中等教育的危机》，《今日评论》，1941 年第 13 期，第 216—219 页。

各地物价都在激增，中等学校的生存更为窘迫。该文章指出了当时中等学校教师薪资过薄的现实，比不上金融街或铁路局最低级的办事员。他们在服务时期既无保障，退休也得不到养老金，在当时的背景下，教师这一职业是"生前清苦，死后萧条"。①

该文章随后提出了解决之道，包括两个方面：一为治本；二为治标。首先是"治本"，需要对整个教育政策制度与目标重新加以厘定；其次为"治标"，可以根据经费困难的事实和办理不善的情形，将普通中学分级，陆续勒令停办，将一省分为数区，每一区择其办理较为完善者在经费师资各方面予以充实。同时，各学校还应重新估计师资的缺乏与课程的失当，对现行的课程标准重新进行改订，授课的时间减少一半，每日上午上课，下午一律劳作服务，训练力求严格，学生得以专注心力学习工具知识。②

以上以《中等教育的危机》一文为例，说明了西南联大师范学院教育学系教师在研究刊文中的教育问题讨论可谓一针见血、字字珠玑，他们以这样的讨论方式，深刻而又广泛地触及了彼时教育的深层次问题。但文章中提到的构建合理的教育制度与具体实施状况显然存在一定差距。不可否认，抗日战争期间，教师教育制度日趋规范和完善，但由于受某些因素的影响，关于教师教育改革的法令法规在不同地区的具体实施状况存在较大差距。尤其是在以云南为代表的边疆地区，受限于经济、文化、历史的发展，西南联大师范学院教育学系教师在文中阐述的教育理想是较难实现的。针对西部边疆地区的"师荒"情况，虽然国民政府采取了一系列措施来解决这一问题，但现实情况仍然不尽如人意，西部地区教师的数量、质量与现实需求依然存在较大差距。

对于教育学人依附发声的报刊而言，作为西南联大教育学人关于教育问题讨论的重要载体之一，给予了其充分的想象空间。西南联大师范学院教育学系学人依

---

① 陈雪屏：《中等教育的危机》，《今日评论》，1941 年第 13 期，第 216—219 页。
② 陈雪屏：《中等教育的危机》，《今日评论》，1941 年第 13 期，第 216—219 页。

托当地地方报刊平台创办的各类栏目，促进了地方教育意识的产生。这是由于报刊作为一种公众传媒的现代制度及运作模式，依托固定且专门的机构运作及管理，使得期刊作为公众领域的商业印刷传播品成了孕育这一集体观念的关键途径。①

从这一概念出发，可以说这些地方教育刊物承担起了重要的功能，既有特定的阅读群体，又有特定的作者群体，自然形成了一个以西南联大师范学院教育学系学人为主的"主体性公共空间"。另外，在各类刊论中也弥漫着一些或有形或无形的、意识层面的、想象层面的叙述，可以说这类地方教育刊物形成了一个基于教育学人的意识与想象的公共空间，通过他们在滇的亲自体验与观察，云南地方教育系统的形象逐渐清晰。这些曾经由西南联大师范学院教育学系师生著述的著作或教育刊论，均是其发声的重要渠道及教育意见传播平台，具有"自我阐述""自我聚焦"的鲜明特色，同时还洋溢着对彼时地方教育空间强烈的"想象意识"。恰恰是由于这类教育刊论的出现，在西南联大师范学院教育学系与广泛的云南地方两个"空间集群"之间架设起了一座桥，形成了一个属于双边彼此想象的"公共空间"，通过此类教育刊论全面介绍了云南地方教育等相关问题，几乎展现了彼时西南联大师范学院教育学系师生概念中的教育图景。这种由教育学人组织创办、自由参与并积极维护的公共领域，从学术延伸到现实、从教育延伸到生活，从而构建出了一个相对松散却又具有开放性及弹性的基于"教育知识空间"的交往网络。缘于此，教育学人及其相关群体刊发的教育文章中对教育相关问题的探讨，自然也形成了基于教育学人自身系统价值观的一套对地方教育的认知，从而建构起了教育学人视野中的关于地方学术生活的独特面貌。

总而言之，本章主要对西南联大师范学院教育学系的师资人员、课程设置

---

① 本尼迪克特·安德森：《想象的共同体：民族主义的起源与散布（增订版）》，吴叡人译，上海：上海人民出版社，2011年，第38—45页。

与学术研究等问题进行了深入探讨，试图向读者呈现较为清晰的教育学系的发展脉络。众所周知，西南联大师范学院教育学系与知识学科的产生过程，也是知识演化的过程，是与教育体制演化、社会和政治及地方特色进行互动的过程。西南联大师范学院教育学系的发展过程也从事实上证明了这一点，即"学科一经产生，它的身份就发生了变化，它已经不单纯是知识的科目、学术的门类，而是变成一种社会存在，成为'社会建制'（贝尔纳语）的一部分……它既是无形的，又是有形的；既是知识的，又是组织的；既是学术的，甚至还是行政的"[①]。学科生存与发展依赖的学系与制度体制、社会政治、高等教育管理体制及治理结构具有千丝万缕的联系。

我们可以发现，西南联大师范学院教育学系的课程与学科研究呈现出以下几个特点。首先，西南联大师范学院教育学系的学科课程设置及教育学人的学术研究是在近代中国大学治理体制和治理结构中蜕变并得以发展的，这与西南联大长期秉承的"自由民主"的风气息息相关，也与其一向提倡的"通识教育"的人才培养理念息息相关，教育学系的课程因而具有了弹性。与此同时，由于当时的学术环境较为宽松，教育学人的学术研究也达到了一个小高潮，一系列关于教育问题讨论的相关文章纷纷见诸报端，形成了一个"教学—科研—教学"的闭环。其次，如果以学生的"学"为其根基，至少包括学识、学术、学者、学生、教学等元素，同时也包括学术认识、学术研究、学术教育、学术组织等，可以说西南联大师范学院教育学系的课程拓展也经历了从单一到多元、从部颁固定课程到灵活选择课程的过程。最后，对西南联大师范学院教育学系这种由学术、学科及学习的三要素构成的综合性标尺进行考量，体现了特殊时期尤其是国难危急时期师范教育体系强大的生命力，也说明近代新成立的西南联大师范学院教育学系既具有适应战时需要的能力，又具有自身的学术生命力。从这一点来看，关于西南联大师范学院教育学系课程与

---

① 万力维：《控制与分等：大学学科制度的权力逻辑》，南京：南京师范大学出版社，2005年，第1页。

学人研究的体系，实际上包含了由专业知识体系构成的学系、专业化研究的学术体系、专业化自主研讨的学术共同体系、专业化高等师范教育及师范人才训练体系、专业化课程教学体系及专业化学系话语体系，这些体系相互融合，在一段并不漫长的时光中交融结合、相互构建，共同展现了近代特殊背景下西部地区高等师范学院教育学系的发展历程。

第三章

"在地化"之探索：西南联大师范学院
教育学系①的地方教育服务

　　西南联大师范学院教育学系作为抗日战争时期重要的师范教育培训机构之一，在完成为地方培养高质量的中小学教师使命之外，还为增进师范院校与地方的联系、加强学术研究与在地化应用的链接，开展了一系列"在地化"的教育探索。这些"在地化"的教育探索主要包括开设在职教职员晋修班、开展暑期学校各科教员讲习讨论会、设置附属学校等一系列活动。这类探索，一方面倡导与地方进行多种形式的合作；另一方面注重地方特色，并主张教育理论与实践的直接"对话"，同时注重在短期培训内集中师资力量提升当地教师的教育教学能力。总的来说，这不仅促进了云南地方教育事业的发展，也很好地映射出彼时西南联大师范学院教育学系在学术研究与社会教育、理论研究与社会实践的互动方面做出的努力。

---

① 教育学系的地方教育服务活动是涵盖在师范学院的地方教育服务活动中的，在表述上不进行刻意的区分。

第一节   西南联大师范学院的地方教育服务
相关政策背景

　　1938 年，云南省共有师范学校 41 所，其中完全师范院校 12 所，简易师范学校 29 所，学生共有 5000 多人，其中完全师范学校的学生有 1000 多人，简易师范学校的学生有 3000 多人，当年毕业师范生 900 多人，师范学校教职员共有 500 余人，与其他西部省份相比，云南师范教育的规模在边疆各省份中是排名居前的。[①] 即便云南省的师范教育具有如此的规模，依然满足不了全省师范教育发展的要求，也难以适应师资质量提升与师资队伍专业化的诉求。从理论上来讲，虽然云南当地教职员数量不少，但师资质量却存在不少问题。可以说，该省师资数量常常处于供不应求的局面，质量方面也不尽如人意。具体来看，造成这一现状的原因主要有以下两个方面：一方面，由于全省师资聘任机制不健全，缺乏专业训练，全省师范教育难以深入发展；另一方面，由于在职教师教育调查和研究不够，难以从实践方面入手提升教师的教学研究水平。另外，教育是科学的事业，需要进行长期、细致的调查研究，但这项最重要的专门工作，各地方的教师又极难开展，因此在一定程度上限制了全省师资研究能力的提升。[②]

　　西南联大师范学院则基于要培育良好的青年，必先训练良好的师资的院系办学宗旨，以及把握有利的环境因素，使云南当地教育有实质性的扩充，致力于教师的专业化，从而改变云南当地师资水平与研究能力的一系列现实考虑，开展了各类提高地方师资水平的培训项目。西南联大师范学院与地方的这种合作，在几十年后，得到了美国学者易社强的称赞。他认为西南联大师范学院的一系列活动是在教

[①] 云南省志编纂委员会办公室：《续云南通志长编（中册）》，内部资料，1986 年，第 881 页。

[②] 龚自知：《云南地方教育和中等教育的一个报告》，《建国教育》，1939 年第 3—4 期，第 71—76 页。

育法令的指引下充分考虑地方合作的产物，正是由于师范学院与地方当局尤其是教育厅的密切合作，促进了全国尤其是云南省教育事业的发展。①

教育部也通过颁布一系列关于师范学院辅导地方教育的相关行政法规，赋予师范学院这一特殊的使命，旨在最大程度上落实这一目标。早期，为增进师范院校与地方的联系，加强学术研究与"在地化"应用的链接，国民政府对师范教育提出了一些要求："学校应与社会沟通，并造成'教''学''做'三者合一的环境，使学生对于教育事业，有改进能力及终身服务的精神。"②自 1938 年起，为建立师范学校辅导地方的一系列教育制度，教育部特制定了《战时各级教育实施方案》，规定各地师范学校为师范区内小学教师之辅导中心机关。③为了进一步加强师范学校对地方教育的辅导作用，教育部于 1939 年颁布了《各省市师范学校辅导地方教育办法》，要求各省市的师范学校对地方教育进行辅导。④1940 年，教育部颁布了《各省市国民教育师资训练办法大纲》，指出地方可以举办国民学校校长训练班、国民教育师资进修班、国民教育师资短期训练班。⑤1941 年，教育部颁布了《各省市小学教员假期训练实施办法》，旨在将假期训练作为小学教员重要的在职培训方式。1942 年，为提高在职中等教师的业务水平，教育部颁布了《奖励中等学校教员休假进修暂行办法》。这类办法明确指出各省市可以利用暑假或是利用教师集中休假时间举办在职教员训练进修班，同时应加强对在职教师训练进修班的相关管理，以督导厉行教师的业务水平提升，以期提高教员的业务能力。⑥

1943 年，教育部颁布了《师范学校辅导地方教育办法》，对地方推行师范学校辅导地方教育相关办法做出了进一步规定。《师范学校辅导地方教育办法》中的具

① 饶佳荣：《易社强的西南联大研究》，《中华读书报》，2008 年 6 月 25 日，第 12 版。

② 宋恩荣，章咸：《中华民国教育法规选编（修订版）》，南京：江苏教育出版社，2005 年，第 43 页。

③ 中国第二历史档案馆：《中华民国史档案资料汇编 第五辑 第二编 教育（一）》，南京：江苏古籍出版社，1997 年，第 27 页。

④ 崔运武：《中国师范教育史》，太原：山西教育出版社，2006 年，第 141 页。

⑤ 中国第二历史档案馆：《中华民国史档案资料汇编 第五辑 第二编 教育（一）》，南京：江苏古籍出版社，1997 年，第 635—637 页。

⑥ 曾煜：《中国教师教育史》，北京：商务印书馆，2016 年，第 191 页。

体方案如下：

……

一、国立师范学校　其辅导区域，由所在地省市教育厅局指定之。

二、省立师范学校　其辅导区域，为所在地之师范学校区，同区内有省立师范学校二校以上时，由教育厅指定其中一校，负主持辅导之责。

三、市县立或联立师范学校（包括简易师范学校）　其辅导区域，为所在地之各该市县；同一市县有师范学校二校以上时，由市县教育局科指定其中一校，负主持辅导之责。

第三条　各师范学校辅导工作之分配与联系办法，由省市教育厅局拟订呈部备案。

第四条　各师范学校应设置地方教育辅导委员会，以校长，教导主任，教育学科教员，师范毕业生服务指导委员会委员，及附属学校主管人员组织之，每月开会一次，校长为主席。

第五条　各师范学校地方教育辅导委员会，经主管教育行政机关之核准，得设置地方教育指导员，负出发各地指导之责，出发前，应驻会研究地方教育情形；指导完毕后，应建议改进；并得设置干事。

第六条　师范学校地方教育辅导委员会之任务如下[①]：

一、辅导区内各校改进事项　每学期举行一次。

二、指导区内各校教育实验事项　每学期应将实验结果，呈报主管教育行政机关备案；国立师范学校应分报所在地省市教育厅局，如区内已设有国民教育示范区者，应遵照部颁各省市筹设国民教育示范区要点办理。

三、设置地方教育通讯研究处，办理通讯研究事项，并遵照部颁学校附设小学教育通讯研究处办法大纲之规定办理。关于各项问题之解答，应择要登入进修研究刊物。

---

① 原文为"左"，为论述方便，改为"下"。

四、举行专题讨论事项　应利用师范学校区辅导地方教育会议，或假期讲习会，指定若干教员，举行专题讨论会，讨论意见，应编成专册，供各校参考。

五、搜集或编辑乡土教材及其他补充教材事项　应按照部颁《如何搜集或编辑地方教材案》之规定办理。

六、开办假期讲习会及进修班事项　应遵照部颁《各省市小学教员暑期训练实施办法》办。

七、发行教员进修刊物事项　定期或不定期。

八、其他有关地方教育辅导事项　如搜集优良事例，举行师范教学指导实习，分析业务困难等。

　　……①

1944 年，教育部颁发的《师范学校附设中等学校教员进修班办法》，提出"师范学校附设中等学校教员进修班，除由部根据师范学院辅导区内各省市中等学校师资程度，指定师范学院设置外，师范学院及其辅导区内各省市教育厅局，并得根据实际需要会同呈请设置"②的意见，同时对教员进修班的经费、主任设置、专任教师、修业期限、每班班额、学员选送、修读学分、考试规程、学杂费、生活补助费等一系列相关问题进行了规定。其中规定，师范学院附设中等学校教员进修班应设主任 1 人，由师范学院聘请，各科教员由具有中等学校教学经验之专任教授担任，必要时由师范学院有关系科主任兼任。进修班教师可由师范学院教授、副教授、讲师兼任，修业期限为 1 年，每班班额以 40 人为上限，进修班学员由师范学院辅导区内各省市教育厅局在具有两年以上教学经验，且应受试验检定之高初级中等学校在职专任教员中遴选保送，经考试毕业后应返校任教。③可以说，教育部颁发的这些法令，无疑有助于加强师范学院与地方教育进行双向的沟通，并促进地

---

① 《师范学校辅导地方教育办法》，《浙江教育行政月刊》，1943 年第 4 期，第 8—10 页。

② 李友芝，李春年，柳传欣等：《中国近现代师范教育史资料（第二册）》，内部资料，1983 年，第 482—484 页。

③ 李友芝，李春年，柳传欣等：《中国近现代师范教育史资料（第二册）》，内部资料，1983 年，第 482—484 页。

方教育服务水平的提升。

　　西南联大师范学院成立之后，虽然面向全国招生，但十分关注云南的教育、文化事业的发展，特别是非常关心云南中等学校现有师资水平的提高。1939 年夏，西南联大常委会派出师范学院院长黄钰生、主任导师查良钊与云南省教育厅联系。为促进云南中等教育的发展，便于在职教员进修，同时使师范学院所授之学科与经验互相观摩，得以切合实际，他们表达了西南联大师范学院愿意与云南省教育厅通力合作，以及为地方师资培训提供方便的意愿。1939 年，第一期晋修班开学，1943 年，西南联大师范学院又举办了文史地、数理化教员晋修班[①]，在促进云南教育事业的发展中发挥了极其明显的作用。1941 年初，云南省教育厅得到一批教育部下发的理化仪器及药品，亟待分发，但教师缺乏使用知识，便请西南联大师范学院代为培训。当年暑期，双方组成实验班委员会，着手办理，把全省高中、初中的理化教师集中起来学习，经过 4 个月的培训，提高了教师的知识水平和实际技能，推动了理化教学的发展。

　　由以上可见，"在地化"是西南联大师范学院教育学系开展地方教育服务的核心所在。所谓"在地化"，意指从主观及客观层面融入当地情境之中，基本理念应立足于本地并兼顾其他，根据地方的现实需要、地方特色就地取材，所开展的一系列活动也应结合当地情境并下移至周边。对于西南联大师范学院而言，"在地化"的地方服务的内涵主要有三个方面：第一，应根据地方师资培育的现实需要开展活动，应具有一种顶层设定的观念；第二，应有具体的活动执行方案，如鼓励师生充分利用假期开办辅导地方的教育会议或假期讲习会，或举办国民学校校长训练班、国民教育师资进修班、国民教育师资短期训练班、分学科专题讨论会等，并对当地教员进修经费、专任教师、修业期限、每班班额、学员选送、修读学分、考试规程等一系列相关问题有所设定，同时应将各类训练班及讲习会的相关讨论意见编成专册供教师参考；第三，"在地化"的最终成效应落实在对当地教育产生实际的影

---

　　① 云南师范大学校史编写组：《云南师范大学校史稿（1938—1949）》，《云南师范大学学报（哲学社会科学版）》校庆增刊，1988 年，第 103—104 页。

响，如通过这类地方教育服务活动的开展，在职学员的相关能力得到了提升，并在一定程度上能够带动地方教育的发展。

纵观西南联大师范学院开展地方服务的时间，大多在 1939—1944 年。具体来看，这些探索主要包括举办了云南省中等学校师资晋修班、云南省中学理化实验讲习班、暑期学校各科教员讲习讨论会、初中教员晋修班、高中教员晋修班等。同时，西南联大师范学院还应云南省关于缩短学制、加速中等教育师资培养的要求，先后举办了师范专修科。限于篇幅，以上各类地方教育服务活动不能一一列举，特以在职教职员晋修班、暑期学校各科教员讲习讨论会，以及教育学系设置附属学校及其他探索为例进行说明。

第二节　在职教职员晋修班

云南地处西南边陲，交通不便，经济不发达，文化教育发展滞后。直至 20 世纪 30 年代，还未建立一所正式的高等师范院校，只是断断续续地办过几届优级师范，或升格为高师，时间很短，师资奇缺。为了提升在职教师的教育教学水平，1939 年夏，西南联大师范学院主动提出与云南省教育厅合作，建议双方采取相关措施与开设相关班级以安排教师进修，其进修班命名为"云南省中等学校在职教职员晋修班"（以下简称在职教职员晋修班）。该晋修班分国文、史地、理化、算学四科，进修期为 1 年。西南联大的蒋梦麟、黄钰生、查良钊、杨石先等为委员，参与领导工作。教师都是知名学者，文史地有罗常培、唐兰、沈从文、罗庸、浦江清、孙毓棠、丁则良等，数理化有华罗庚、杨武之、杨正先等。为了规范在职教职员晋修班相关管理办法，云南省教育厅与西南联大拟定了《云南省教育厅与国立西南联合大学合办云南省中等学校在职教员晋修班办法》，对在职教职员晋修班的办理、学员的调度与待遇、学员入学资格、修业期限、学员报到具体时限、课程所需经费来源等做了具体的规定。①

　　根据以上规定，在职教职员晋修班由云南省教育厅与西南联大联合组成委员会，共同拟定办班办法。一般来说，这类由地方教育行政部门组织的在职教职员晋修班有着一套较为完备的管理系统。具体来说，由大学方面相关成员及地方教育行政部门最高教育行政官员分别担任在职教职员晋修班的委员会委员，前者担任在职教职员晋修班委员，后者担任在职教职员晋修班主任委员。按照这样的设计思路，教育厅厅长龚自知则任在职教职员晋修班主任委员，蒋梦麟、黄钰生、查良钊、杨石先为西南联大方面派出的在职教职员晋修班委员，师范学院院长黄钰生被聘为在职教职员晋修班班主任。在职教职员晋修班学制先期设定为 1 年，共办过 2 期，主要是培训全省已经在职 2—3 年的教师。就在职教职员晋修班办班的具体情况来看，第一期的举办时间为 1939 年 10 月—1940 年 7 月，分为国文、史地、算学、理化 4 科，共招收学员 62 人，云南省教育厅特地补助师范学院办班之图书仪器费 2.5 万元；第二期举办时间为 1943 年 8 月—1944 年 6 月，开设文史地、数理化两科，共招收学员 91 人，云南省教育厅特地为西南联大师范学院垫发教育补助经费 10 万元。②

　　就培训对象来看，在职教职员晋修班旨在培训全省在职的，且已有 2—3 年教学经验的中学教师。在职教职员晋修班招收的学员不仅限于省立中等学校，还将学员来源扩大到私立中等学校。虽说学员来源各异，但无论是以上哪一类教师，在职教职员晋修班的开设都旨在培养教员对教育事业负责任的精神，进而为基础教育领域培训相当数量具有专业素质的教师。同时，在职教职员晋修班也注重对云南省中学教师专业化的培养，为这部分教师提供专业化的在职培训服务，旨在增强受训教师的学术研究的专业化。

---

　　① 北京大学，清华大学，南开大学等：《国立西南联合大学史料 一 总览卷》，昆明：云南教育出版社，1998 年，第 152—154 页。

　　② 吴宝璋：《云南师范大学史略》，见中国人民政治协商会议云南省昆明市委员会文史资料委员会《昆明文史资料选辑（第十五辑）》，内部资料，1990 年，第 49 页。

为了详细说明在职教职员晋修班的成立宗旨、修业年限、授课课程，1939年10月24日，云南省教育厅与西南联大制定了《云南省教育厅与国立西南联合大学合办云南省中等学校在职教员晋修班办法》，具体的合作办法如下：

一、本办法依据检定本省中师职学校教员计划纲要第四条订定之。

二、本班之办理，根据教育部令，以促进云南省中等教育之效率，便利在职教职员之进修，同时使师范学院所教授之学科，与经验之观摩，得以切合实际为宗旨。

三、本班学员之调度与待遇，由云南省教育厅办理之，本班之教务，由国立西南联合大学师范学院办理之。学员资格之核定、证书之授予，由教育厅呈准教育部办理之。

四、云南省教育厅长与国立西南联合大学常务委员联名聘请委员若干人组织委员会，主持本班各项事宜，拟定各项章则，分别建议厅校两方执行之。

五、本班学员入学资格分下列两项：

甲、现在云南省立中等学校担任国文、史地、算学、理化等科之专任教员，在职确已届满两年以上（得连同各学校聘约计算，无论系由校长关约试用，或已由教厅加委）向校长申请报转至职员入班进修者（但超过定额时得加入审查分别准否，或依申请之先后为序，额满为止），或由厅指定入班进修者。

乙、在云南省县市立暨已立案之私立中等学校，充任前项所列各科之代用专任教员，在职两年以上（须提供在职证明文件），其资格不合于检定标准者，现在云南省县市立及已定案之私立中等学校充任上述各科教员，在职两年以上（须提供证明材料），其任用资格不合于指定标准者。

上列甲乙两项之教员，以各校全班名额1/2为率，必要时并得尽甲项人员优先入班。各学校申报入班进修学员，概由教育厅交由云南省中等学校教员检定委员会审定其入学资格，分为甲乙两项，核准给予入班许可证。乙项教员，其学力或证明文件有疑义时，并得由检委员会加以口试及笔试。

六、本班学员之待遇规定如下：

本办法第五条所列甲乙两项人员，在晋修期间，供给制服一套，其膳宿参观等费，概由云南省教育厅由省教育经费，予以全公费之待遇，但其数额应与西南联大师范学院之在学学生所享有上述各项待遇之数额相同。

甲项人员依据其在原校所得原俸保留 2/3，按月由教育厅直接拨发。毕业时由教育厅令发原校照供原职。若原校原职有无法回复之变动时，由教育厅改发他校服务，并保证其所得不少于原俸，若一时无法位置时（应为"无法恢复原教职"。——引者注），得由教育厅延长其在学期间 2/3 之原俸待遇，按月给予之。

乙项人员在学期间之待遇，依据其原校所报（倘所报不实，查明后应由原校长负责赔偿全责）俸额，由教育厅就省教育经费，与其原俸 1/3 待遇按月直接发放，毕业时由厅令发原校回职服务，并饬校予以专任教员之正规待遇。万一原校变动不能回职时，得由教育厅负责于最短期间予以服务工作。

甲项人员依其在原校所得原俸保留 2/3，按月由教育厅直接拨发。毕业时……发原校照供原职。若原校原职有无法回复之变动时，由教育厅改发他校服务，并保证其所得不少于原俸，若一时无法位置时，得由教育厅延长其在学期间 2/3 之原俸待遇，按月给予之。

乙项人员在学期间之待遇，依其原校所报（倘所报不实，查明后应由原校长负赔偿全责）俸额，由教育厅就省教育经费，与其原俸 1/3 之待遇按月直接发放，毕业时由厅令发原校回职服务，并饬校予以专任教员之正规待遇。万一原校变动不能回职时，由教育厅负责于最短期间予以服务工作。

七、本班每届之修业期间，以一学年为度。

八、本班暂设下列四科：国文、史地、算学、理化。

九、本班所授功课，以切合各科教员之实际需要为标准。

十、本班之教学与训练采严格主义，本班教授有决定各学员品学成绩之全权。

十一、本班课程由西南联大教授担任，其各种设备……供本班学员利用，与联大学生无异。西南联大因本班而有之特殊设备，如中学用之仪器图书及教具，由云南省教育厅就省教育经费拨发国币 25 000 元，交由西南联大负责支配。

十二、本班学员限于廿八年十一月五日报到，十一月六日至十日履行入学手续。

十三、本办法自公布之日实行，并呈报教育部省政府备案。如有未尽事宜由教育厅与西南联合大学会商修改之。①

在课程方面，本次在职教职员晋修班根据相关规程对师范学院各系课程进行了设定：其一，各师范学院，各有其地方之需要与人事上之短长。部订课程，除最低限度者，责成各院切实施行之外，似宜稍留有余地，以容其个别之发展。各院所订课程，亦似宜容许学生有个别发展之余地。其二，各系课程，似宜化零为整，不必多立名目，以乱学生进修之途径。盖师范学院有其准确之目标，与文理学院之性质根本不同也。②由在职教职员晋修班所设课程（表3-1）可见，其充分实践了这一理念。

表 3-1　在职教职员晋修班课程表

国文科		史地科		理化科		算学科	
科目	学分	科目	学分	科目	学分	科目	学分
文字学概要	4	中国通史	6	普通物理（讲演及实验）（上、下）	8	平面及立体解析几何	6
中国文学史	6	西洋通史	6	普通化学（讲演及实验）（上、下）	8	代数通论（上）	4
历代文选	4	普通地理学	6	高级化学（上、下）	4	几何通论（下）	4
历代诗选	4	中国地理	6	选课	6	整数论（上）	3
现代中国文学	4	欧洲地理	4	物理学发达史（上、下）	2	三角形及圆（下）	3
				物理教材教法讨论（上、下）	2		

---

① 北京大学，清华大学，南开大学等：《国立西南联合大学史料——总览卷》，昆明：云南教育出版社，1998年，第152—154页。

② 北京大学，清华大学，南开大学等：《国立西南联合大学史料——总览卷》，昆明：云南教育出版社，1998年，第147页。

续表

国文科		史地科		理化科		算学科	
科目	学分	科目	学分	科目	学分	科目	学分
中国国文教材教法研究	2	选课	4	化学教材教法讨论（下）	2	中学算学教材教法研究	4
选课	6.5	中学史地教材教法研究	4	化学示教实验（上）	2	选课	6
中国教育问题		中国教育问题		中国教育问题		中国教育问题	

资料来源：北京大学，清华大学，南开大学等：《国立西南联合大学史料　一　总览卷》，昆明：云南教育出版社，1998 年，第 146—147 页

　　撰诸史料，在职教职员晋修班课程的设置清晰、简明，有效地提高了当地在职教师的水平，促成了西南联大师范学院教育学系与地方的有效合作。黄钰生曾在1940 年 6 月 8 日中学师资晋修班结束的茶话会上强调，"在晋修期间，各位学员很用功，比教学时候还忙，同时，一点也没有老师的架子，大家以学生自居，虚心学习，我以为这是一种朝气，的确使我们钦佩。至于各位教授，也很热心，能够针对学员们的需要，耐心地去共同研究"，"办好中等教育，既'是云南的事情，也就是国家的事情，都是我们应该做的事情'"。①

　　1941 年、1942 年、1944 年，云南省教育厅也在昆明举办过几期中等学校师资晋修班或讲习班。几乎在每次晋修班或讲习班的任课讲师都一致强调了学员的参与积极性和努力程度。如教育厅厅长龚自知曾在 1939 年第一期中等师资晋修班开班仪式中特地指出，当前各位参训教师有几点需要特别勉励并加以注意：其一，各位老师须摒弃怀疑自身学习能力不足的心理障碍，秉承"学然后知不足，教然后知困"的宗旨，秉承"一面教一面学"的宝贵精神；其二，勉励各位参训教师在晋修学习期间应努力做到讲习与讨论并重、并行，努力创造学研并重的新气象，龚自知一再强调晋修班中的讨论讲习并非学员们一味被动地吸收新知，而是应当一面听

---

① 闻黎明：《西南联大与云南中等学校师资培养》，《中国国家博物馆馆刊》，2012 年第 10 期，第 106—117 页。

讲一面提出新的问题，并相互讨论，此所谓名师胜友，欢聚一堂，在学问研讨上相互促进；其三，提倡在职参训的教师学员再当一次学生，度过此短期的集体的、规律且紧张的学生生活；其四，各位学员应注重协助会务进行，共同维持有序的学习秩序，以严格的纪律来进行自我管理及综合管理，提倡各位教师积极进言，针对在职教职员晋修班中不合理或不周到的地方提出建议。由于彼时日军加紧对西南边陲的进攻，龚厅长也提醒各位教师须特别注意防空疏散，注意躲避空袭。[1]可以说，西南联大师范学院与云南省教育厅合作举办的在职教职员晋修班，任课教师均为西南联大甚至是国内外教育学界的知名学者与专家，大多数学员在晋修中也充分利用了宝贵的时光，一方面埋头苦读做学问，另一方面又与晋修班导师进行了充分的探讨，通过名师的指导使自己的学问得以充分扩展，使得培训取得了良好的效果。[2]从更为长远的实际效果来看，这些学员在在职教职员晋修班培训之后大多担任了中学校长，成为骨干教师或省级、县级教育行政部门骨干师资，为地方教育事业的改进做出了一定程度的贡献。

第三节　各科教员暑期讲习讨论会

抗日战争时期，尽管面临战事、交通、经费、讲师聘请等方面的重重困难，但在教育部的督促下，一些地区的教育主管部门联合有关大学，坚持举办了次数和规模不等的中学教师暑期讲习会。这种暑期讲习会为战时后方各省部分中学教师提供了非常宝贵、几乎是唯一的在职学习机会。它对于中学各科教员知识的更新、教学经验的相互交流、中等教育的发展及大学的社会化与"在地化"等，均产生了潜在而积极的影

---

①　龚自知：《教师专业化与云南中等教育——二八，七，一七，讲于中学教师暑讲会》，《云南教育通讯》，1939 年第 2 期，第 1—4 页。

②　南湖：《献给中等教师晋修班》，《云南教育通讯》，1939 年第 14 期，第 11—13 页。

响。同时，它也凸显了战时艰难条件下教育界有一种可贵的精神。

这一时期，为了进一步加强师范学校对地方教育的辅导作用，此后教育部亦颁布了一系列规章法令，旨在加强师范学院与地方教育部门的沟通，促进师范学院为地方教育提供服务。教育部为促进后方各省中学各科教员的进修，其所做的最重要的一项工作就是要求各省普遍举办中学教员暑期讲习讨论会。此后几年，教育部每年均会颁发相关办法，要求按期举行中学教员暑期讲习讨论会，举办省份也逐步增加。

利用每年暑假较为充裕的时间，组织中学教师参加各大学主办的"暑期学校"，或调集各科教师集中进行讲习，是当时中学教师较为常见的一种进修方式。这一进修形式最早源于1871年美国哈佛大学针对中小学植物学课程教师开展的暑期培训，并于20世纪20年代中期逐渐传入中国。①1930年，教育部在第二次全国教育会议上提出并通过的《改进全国教育方案》中明确规定，每年暑假由各国立大学开办暑期学校，使中小学教职员在假期中得有进修的机会。1934年，教育部特指定16所全国知名的公私立大学，举办中等学校理科教员暑期讲习班，以提高其教学水平。1935年，教育部颁布《中等学校各科教员暑期讲习讨论会办法》，正式将举办"暑期讲习讨论会"作为开展中学教员进修工作的一种主要途径。1934—1937年，北方的平津地区及东南沿海沿江主要省份，连续几年均举办此类暑期讲习讨论会，初步取得了实效。②

细究起来，抗日战争时期，教育部之所以特别强调中学教师暑期讲习讨论会的举办，主要有以下几点原因。

其一，对加强中学教师训练、发展中等教育的高度重视。中等教育为国家教育的枢纽，它一方面继续小学教育的基础训练，以发展青少年的身心，培养其健全人格；另一方面则为青年升入大学、做高深的学术研究及从事各种职业做准备。故中等教育在整个国家教育系统中起着承前（初等教育）启后（高等教育）的作用，它

---

① 柴文玉：《哈佛大学暑期学校的发展历史与教育理念研究》，《比较教育研究》，2007年第1期，第85—88页。

② 刘英杰：《中国教育大事典：1840—1949》，杭州：浙江教育出版社，2001年，第477页；胡金平：《暑期学校与民国中小学教师专业培训》，《教师发展研究》，2018年第2期，第93—101页。

的成败得失，不仅关系到受教者本身，还会影响社会、国家的发展。然而，中学教师又是中等教育的关键，其学识、能力与人格足以影响整个中等教育的水平。所以加强对中学在职教师的训练，无疑可以提高中等教育的质量。以上这种认识，当时已成为有识之士与教育方面人士的共识。

其二，当时中等教育师资水平不高，亟待加强进修和训练。民国初年，我国借鉴日本的学制，初步建立起以国立为原则的高等师范教育制度，以培养足够的中等教育师资。但自1922年学制改革起，受留美归国人士的推动，我国教育制度开始转向学习美国。当时，全国原独立设置的几所高等师范学校中，只有北京高等师范学校（后改名为北平师范大学）硕果仅存，其他的则改为综合性大学或成为其下属学院和系科。这种一味模仿美国制度的结果就是很完备的中学师资训练机关降为大学中之一院或一系，中学师资训练亦随之宣告破产。[1]此后直至抗日战争全面爆发前夕，我国中学的师资多来源于专科以上学校中的教育学院、教育科或其他文理科系的毕业生，但由于缺乏师范方面的训练，都存在知识的"专科训练"与教育的"专业训练"两者不能兼顾的问题。[2]高等师范教育的长期缺位，直接影响了五四运动以后直至抗日战争初期我国中等学校的师资水平。当时，西南、西北等地中等师资配置状况及其水平本就明显低于平津及东南沿海沿江地区，后来由于中等教育的大量扩充和普遍的"师荒"，这一问题则更加突出。在事实上不可能立即补充大量合格师资的情况下，通过举办暑期讲习讨论会来提高在职中学教师特别是不合标准教师的能力与水平，就成为当时条件下最为可取、最为有效的途径。

其三，通过举办暑期讲习讨论会等，改进后方各省教育，以助益于抗战救国。国民政府从武汉迁至重庆以后，即提出西南是抗战后方、西北是建设后方的口号，并投入各种资源，建设大西南，开发大西北。但这需要大批人才，而人才只能通过教育来培养。在教育部看来，举办暑期讲习讨论会之事，从表面视之虽小，但它事关后方教育改进与支撑长期抗战救国，故不能不予以重视。

---

① 吕春辉：《20世纪20年代的高师转型及其借鉴》，《现代教育科学》，2007年第3期，第56—59页。

② 吕春辉：《20世纪20年代的高师转型及其借鉴》，《现代教育科学》，2007年第3期，第56—59页。

总之，正是出于以上几方面的考虑，哪怕是在战时条件下，教育部亦并未放松举办中学教员暑期讲习讨论会。对于一些省教育厅因为经费、交通等困难而提出的"停办""缓办"要求，教育部时有批评。

此时，西南联大师范学院虽然在昆明成立不久，却十分关注云南教育、文化事业的发展，特别是关注到了云南中等学校现有师资水平的不足。在此背景下，西南联大师范学院立即利用假期举办"暑期中学校各科教员讲习讨论会""暑期小学校各科教员讲习讨论会"等，以提高地方中等学校、小学的师资水平，以下分别介绍。

对于"暑期中学校各科教员讲习讨论会"而言，西南联大师范学院深刻认识到了培养中学师资为学校的重要任务，师资培训需要更加专业。按照相关行政规程，师范学院则以每年暑期讲习机会分区或集中举办各科教员讲习讨论会，大多选择省会昆明作为培训地点，择暑期时间网聚全省中等师资开展培训，借以交换智识、增进修养，以便培养重要师资。

对于"暑期小学校各科教员讲习讨论会"而言，则在本省新划分的中学区内，指定学校分别组织讲习会，主办学校为讲习会讨论的会所，所在学校校长为会长。该讲习讨论会一般在暑期持续一个月至两个月的时间，如有需要，时程可以稍加延长。每期讲习讨论会，全省教师大概有200余名，若讲习讨论会参加人数过多，同时又无适当场所足资容纳时，可以分为上、下两期举行。

1938年7月，云南省教育厅奉教育部训令，选择暑期时间网聚全省在职中学师范及职业学校各科教员（职业学校以普通学科教员为限）开展相关讲习培训，以分区或集中方式举办各科教员讲习讨论会，旨在为云南当地培养合格的中等教育师资，以缓解云南当地对优秀师资需求较大的压力。云南省教育厅厅长龚自知就曾在该年度"各科教员讲习讨论会"开班仪式中表示，举行本次中小学教员讲习讨论会，"即为帮助学术进修之一种重要设施。使吾人能借此机会，一面为学术本质上，教学方法上之讲习讨论；一面荟萃各校同仁，交换意见，团结精神，为今后一致奋发之努力。相信对于中等教育之改进前途，裨益实多"，同时他还勉励各位教师立志于教育研究，并提出今后地方中等、小学师资培训应在主管机关的统筹督励之下，认定目标、积极行动，做出一致的努力，不仅须规定师资人事及充实基本设备，还须提高学科水平、整肃训管风纪。①该年度讲习讨论会同时组建了"云南省暑期中等学校各科教员讲习讨论委员会"，由云南省教育厅龚自知出任主任委员，各科讲师共 60 多人，其中绝大多数为西南联大教授，其次为云南大学教授。②

关于暑期讲习讨论会的举办方法，教育部历年之规定，实大同小异，主要有以下几个方面：其一，关于暑期讲习讨论会的举办省份，教育部主要依据当年战事进展划定具体范围。每届暑期讲习讨论会，由主办方负责办理各科分组、讲演题目、选聘讲师、经费预算等各项事宜。暑期讲习讨论会所需职员，则从举办地省教育厅或师范学院相关职员中予以调用，不另支薪水。其二，参加暑期讲习讨论会的学员，一般为中学、师范学院及职业学校的各科教员。暑期讲习讨论会结束前，须对所有学员的成绩进行考查，成绩合格者，发给证明书。其三，暑期讲习讨论会的举办地点，一般为省会或指定地点。其四，暑期讲习讨论会的时间一般为 4—6 周，于暑期举行。其五，暑期讲习讨论会开设的课程，一般分"精神讲话"、"分科教材教法"（或"学科讲演"）、"教育问题讨论"、"学术讲演"（或"专题演讲"）、"体育活动"等几大类。其六，1944 年以前，教育部规定每届暑期讲习讨论会必须在公民国文、外国语、史地、数理化、生物、教育 6 类学科中，至少选择 3 类进行讲习。1944 年 4 月，教育部将学科分组范围扩展至师范学院所有系科，如国文、外国语、史地、公民训育、算学、理化、教育、体育、音乐、图画、劳作、家政、社会教育及职业技术等，各组总体学时一般不少于 128 学时。其七，暑期讲习讨论会各项开支中，仅讲师酬金由教育部支给，学员旅费由学员所在学校支给，学员膳宿费及暑期讲习讨论会的相关办理所需经费则由各省支给。③

---

① 龚自知：《教师专业化与云南中等教育——二八，七，一七，讲于中学教师暑讲会》，《云南教育通讯》，1939 年第 2 期，第 1—4 页。

② 龚自知：《教师专业化与云南中等教育——二八，七，一七，讲于中学教师暑讲会》，《云南教育通讯》，1939 年第 2 期，第 1—4 页。

③ 张睦楚：《全面抗战时期大后方中学教师暑期讲习会述论》，《教育史研究》，2022 年第 4 期，第 118—128 页。

以上为全国范围内的暑期讲习讨论会概况，可见自教育部至地方教育厅对暑期讲习讨论会的设置均有明确规定，体现了国家及地方重视师资培育的特点。依托雄厚的师资，西南联大师范学院教育学系亦利用暑期开办了中学教师暑期讲习讨论会，以达到教育部提出的提倡学术研究、促进中学教师进修的要求。在西南联大迁至昆明之前，云南省曾于 1937 年暑假举办过一次，西南联大迁至昆明之后，各学科专家汇聚昆明，为暑期讲习讨论会的举办提供了便利条件。第一期暑期讲习讨论会于 1938 年 8 月 8 日正式开始，9 月 3 日结束课程，会期约 1 个月，共聘讲师 85 人，录取学员 129 人；第二期暑期讲习讨论会原定于次年暑期 7 月 17 日开班，但由于部分学员处于边远地区，交通不便，故推迟至当月 29 日开班，该期暑期讲习讨论会共聘讲师 98 人，录取学员 154 人，占全省中等学校教师总数的 2/7。此后，除了 1941 年暑期由云南省教育厅、西南联大师范学院合办特设了一个"中学理化实验讲习班"，在原定暑期讲习讨论会举办的前两个月，另招了 37 名中学理化教师以外，西南联大于 1946 年春复员北返前的其余各届暑期讲习讨论会均与上述两期在具体举办时间、学员数量、开班日程、教员配备数量方面相差并不大。[1]限于篇幅，以上各期暑期讲习讨论会的具体情况不能一一列举。下面特从暑期讲习讨论会的管理规程、讲师配备及讲习课程等方面进行相应的说明。

一、规范妥帖的管理规程

首先，西南联大师范学院组织的暑期讲习讨论会对参训学员的选择和管理有着明确和严格的规定。根据相关规定，参加暑期讲习讨论会的中等学校教员至少须占云南省教员总数的一半，其在各校至少须占本校教员总数的 1/3，并优先从此前未参加过历届暑期讲习讨论会的教师中选派。经由学校选定呈报后的中等学校教员，若非有重大事故，不得规避，违者，撤销其下学期各原校的教职续聘资格。[2]

①　张睦楚：《育滇省师资·增教育之效——西南联大师范学院与战时云南"中等学校教员暑期各科教育讲习讨论会"》，《学术探索》，2020 年第 9 期，第 118—127 页。

②　张睦楚：《育滇省师资·增教育之效——西南联大师范学院与战时云南"中等学校教员暑期各科教育讲习讨论会"》，《学术探索》，2020 年第 9 期，第 118—127 页。

如前所述，第一期暑期讲习讨论会共计录取学员129人，除了边远地区学校或交通不便的中学免于选派外，学员均由云南省各县市选派。这类学员作为全省中等教育的地方领导者与教师的代表，承担着提升全省地方中等师资水平的重大使命。会务组规定全省各地的各科教员必须在规定时间报到，考试合格才能发给证书。由于学员来自全省的众多学校，教学水平、生活习惯等各不相同。为了使学员对暑期讲习讨论会的举办办法、课程安排、具体作息时间等有所了解，会务组编写了相关简章。简章经西南联大师范学院院长、云南省教育厅厅长会商决定，即为定案，如第一期的暑期讲习讨论委员会会务科编写了《二十七年暑期云南省中等学校各科教员讲习讨论简报》供全体学员查阅。①

其次，暑期讲习讨论会的相关管理组织的筹备也较为妥当。根据暑期讲习讨论会管理组织的规定，由教育部指定各省教育厅厅长、所在地专科以上学校校长和院长及专家若干人组成委员会，规划暑期讲习讨论会的分组工作。基于此，第一期暑期讲习讨论会组建了"云南省暑期中等学校各科教员讲习讨论委员会"，由龚自知出任主任委员，蒋梦麟、梅贻琦、张伯苓、熊庆来等担任委员。此外，暑期讲习讨论会还严格遵照教育部的规定，配备了教务组主任、干事及医师。按照惯例，1942年的暑期讲习讨论会亦聘请云南省教育厅厅长龚自知为主任，聘请西南联大师范学院院长黄钰生为副主任，西南联大师范学院教授倪中方为总干事，西南联大师范学院副教授张清常为教务组组长，西南联大师范学院体育部主任马约翰为生活组组长，云南省教育厅中等教育科科长张嘉栋为事务组组长，同时聘任了多名干事。②

最后，暑期讲习讨论会管理机构也积极策励进修学员，鼓励其抱定宗旨，一致努力。1939年，云南省教育厅厅长龚自知在暑期讲习讨论会开班仪式中勉励各位

---

① 张睦楚：《育滇省师资·增教育之效——西南联大师范学院与战时云南"中等学校教员暑期各科教育讲习讨论会"》，《学术探索》，2020年第9期，第118—127页。
② 张睦楚：《育滇省师资·增教育之效——西南联大师范学院与战时云南"中等学校教员暑期各科教育讲习讨论会"》，《学术探索》，2020年第9期，第118—127页。

教师同人立志于教育研究，一致奋发努力。他表示举行本次暑期讲习讨论会，对于改进中小学教育，裨益实多。他还提出，今后地方中等学校、小学师资培训应在主管机关的统筹督励之下，认定目标、积极行动，做一致的努力，不仅须敬慎师资人事及充实基本设备，还须提高学科水平，整肃训管风纪。①

　　就暑期讲习讨论会所需的具体经费来看，主要分为两类：其一为学员所需费用；其二为讲师酬金、助教费与补助费。具体来看，各学员往来旅费由各学校支给，会期内膳宿、讲义等费用由会议组织方供给，制服及学生用品自备。暑期讲习讨论会所有学员的所需开支，均由委员会拟具预算呈核，经核定后，统一发放。至于讲师酬金，则由教育部与云南省教育厅财政共同承担。另外，暑期讲习讨论会对学员的待遇也有规定，为了鼓励中等师资教员的修读热情，并免去其后顾之忧，云南省教育厅还专拨师资学员奖学金，为参训表现特别突出的参训学员提供一定金额的补助。可以说，暑期讲习讨论会开展所需的经费均得到了妥帖保障。

　　总的来说，各科教员暑期讲习讨论会可谓办得有声有色，这得益于西南联大派出的强大师资。不仅西南联大常委会各委员充分参与了讲习讨论会的具体教学，还派出了大量卓具学识、研究精深的教授参加讲课，保证了教学效果。就暑期讲习讨论会中由西南联大教授讲授的代表课程来看，主要如下：罗庸为中学国文教师讲授"汉语教学与人格陶冶"；曾昭抡为中学理化教师讲授"国防化学"；黄钰生为全体教师讲授"国家与教育"；冯友兰讲授"人生的境界"；潘光旦讲授"儒家思想与教育"；樊际昌讲授"家庭儿童与教师的关系"；郑天挺讲授"教材之补充与当前教本缺乏之补救"；查良钊讲授"建立学风问题"；郑华炽讲授"科学史料的学习与教育的重要"；杨石先讲授"化工与工业"；华罗庚讲授"由近代观点谈中国古算学"；罗常培讲授"近二十年来新旧文学之消长"。②

---

　　① 龚自知：《教师专业化与云南中等教育——二八，七，一七，讲于中学教师暑讲会》，《云南教育通讯》，1939 年第 2 期，第 1—4 页。

　　② 云南师范大学校史编写组：《云南师范大学校史稿（1938—1949）》，《云南师范大学学报（哲学社会科学版）》校庆增刊，1988 年，第 103—105 页。

二、阵容强大的主讲教师

暑期讲习讨论会的开办，是为了提高云南省中等学校的师资水平，这不仅关系到全省基础教育的质量，还关系到云南省教育现代化的发展。正因为如此，云南省政府对暑期讲习讨论会寄予了极大的希望。就西南联大师范学院历年所派出的讲师来看，由百余人组成的讲师队伍阵容非常强大，几乎每一位主讲教师均是学界享有盛名、学术精深的学者和专家。除了少部分教授来自云南省教育行政机关、云南大学等机构以外，其他几乎都来自西南联大师范学院，可见西南联大师范学院对暑期讲习讨论会的支持力度巨大，如此博学多能之士齐聚讲习会，服务于滇境各中学教师，实乃云南近代教育尤其是云南近代师范教育地方服务之幸事。[①]

根据教育部的规定，暑期讲习讨论会的讲师应为各大学学院各科教授中具有中学师范职业学校教学经验或研究者。具体来看，第一期暑期讲习讨论会共聘请讲师85人，他们根据各自的学科分别讲演，担任精神讲话讲师的有傅斯年等，教务组还特别邀请梅贻琦先生做演讲；担任学术讲演讲师的有冯友兰、林同济、吴有训等。相关教育问题讨论会则延聘教育专家共六七人，轮流担任教育问题讨论会主席，讨论会安排在每周的周一、周三、周五举行，各教育主席均同时参加，并由讨论会主席函邀各中等学校校长出席参加研讨，相关人士按照研讨会要求对相关问题事先准备，再进行相关讨论。主讲人有徐述先、曾作忠、汪懋祖、樊际昌、沈履、徐继祖、罗廷光、黄钰生、陈雪屏等，对导师制实施、中学教师进修、中学生心理卫生及训练、习题与考试、美国学科课程之科学研究、教师应负责任等问题进行了深入细致的讨论。为了对暑期讲习讨论会各科主讲人进行详细说明，特以首届暑期讲习讨论会主讲人员名单进行陈列（表3-2），从中可见西南联大师范学院派出的讲师均为本校知名教授，体现了西南联大师范学院对暑期讲习讨论会的重视。

---

① 闻黎明：《西南联大与云南中等学校师资培养》，《中国国家博物馆馆刊》，2012年第10期，第106—118页。

表3-2　1938年云南省中等学校各科教员讲习讨论会主讲人员简表（部分）

项目	姓名	别号	年龄	学历	工作经历	姓名	别号	年龄	学历	工作经历
精神讲话	李书华	润章	48岁	法国理学博士	国立北平研究院副院长	李澍	油群	38岁	国立中央大学农学院毕业	省立昆华高级农业职业学校校长
	傅斯年	孟真				毕近斗	仲垣	45岁	香港大学工程科毕业	省立昆华高级工业职业学校校长
	周至柔		40岁	保定军官学校毕业	中央航校教育长	李景汉		42岁	美国加利福尼亚大学硕士	清华大学教授
	冯友兰	芝生	45岁	国立北京大学毕业，美国哥伦比亚大学哲学博士	前河南中山大学文科主任，国立广东大学哲学系主任、清华大学秘书长、哲学院主任、文学院院长	林同济		32岁	美国加利福尼亚大学政治学硕士、博士	美国密勒士大学讲师、南开大学教授及研究所所长
学术演讲	萧蘧	叔玉	41岁	北平清华学校毕业，美国密苏里大学文学士、商学士，康奈尔大学硕士，哈佛大学研究院肄业	南开大学经济学教授，清华大学经济学系主任、教授和军事委员会工矿调整委员会业务组组长	吴有训	正之	40岁	美国芝加哥大学博士	清华大学教授
	吴定良	均一	39岁	英国伦敦大学博士	"中研院"历史语言研究所专任研究员	何鲁	奎垣	44岁	法国里昂大学理科硕士	中国公学校长、安徽大学校长、重庆大学理学院院长、国立中央大学算系主任等
	孙云铸	铁仙	43岁	德国哈勒大学理学博士	北京大学地质系主任、西南联大地质地理气象系主任	秦瓒	缜略	46岁	美国哥伦比亚大学经济学硕士	国立北京大学经济学教授、社会调查所所长
	伍纯武	健一	32岁	法国巴黎大学经济学博士	中央大学商学院教授、光华大学社会学系主任教授					
	曾作忠	恕存	41岁	美国华盛顿大学哲学博士	国立暨南大学教授，省立河南大学教务长兼教育系主任教授					

续表

项目	姓名	别号	年龄	学历	工作经历	姓名	别号	年龄	学历	工作经历
教育问题讨论会	汪懋祖	典存	48岁	美国哥伦比亚大学及哈佛大学硕士	现任中央政治学校教育系主任	沈履	伦斋	43岁	美国芝加哥大学学士、威斯康星大学硕士等	中央大学教授、浙江大学秘书长、清华大学秘书长、西南联合大学总务长
	樊际昌	造羽	41岁	美国华盛顿大学心理学研究院研究生	历任国立北京大学教授兼教务长	徐继祖	述先	43岁	美国锡歇根大学教育硕士	云南省立昆华中学校校长
	王政	子政	32岁	美国斯坦福大学教育学硕士、社会学硕士	中央大学教授、中央政治学校教授、实业部科长、济建设委员会总会专员	黄钰生	子坚	41岁	美国芝加哥大学硕士	南开大学教授、秘书长
	罗廷光	炳之		美国哥伦比亚大学、英国伦敦大学	国立中央大学教授、国立西南大学教授					
国文科讲话	罗常培	莘田	40岁	国立北京大学文学士	国立北京大学教授、"中研院"历史语言研究所研究员	陆侃如		35岁	巴黎大学文学博士	燕京大学国文系主任
	闻宥	在宥		国立北京大学毕业	国立山东大学教授、燕京大学教授等	楚图南		38岁	国立北平师范大学毕业	国立暨南大学教授
	罗庸	中膺	38岁	国立北京大学毕业	国立浙江大学教授、山大学教授、国立北京大学教授	穆木天		39岁	日本东京帝国大学文学学士	
体育活动	涂文	奇岳	41岁	前国立南京高等师范体育专科毕业、美国爱荷华大学体育学士	曾任北京大学、清华大学体育教师、现任西南联大体育教师	侯洛荀		38岁	前国立南京高等师范体育专科毕业	曾任南开大学体育教师、现任西南联大体育教师
	马约翰		49岁	上海圣约翰大学学士	国立清华大学体育主任	夏翔	振鹏	34岁	前国立南京东南大学体育专科毕业	曾任清华大学体育教师、现任西南联大体育教师

资料来源：《本届中等教员暑期讲习会情况记》,《云南教育通讯》,1938年第2期,第21—26页

与第一期暑期讲习讨论会类似，1939 年的第二期暑期讲习讨论会，西南联大也派出了强大的师资，包括公民训育科、国文科、历史科、地理科、数学科、物理科、英语科、史地组、数理化组等，共计 90 余名讲师。其中，公民训育科讲师有罗廷光、张佛泉；国文科讲师有罗庸、魏建功、闻一多、朱自清等；历史科讲师有雷海宗、姚从吾、郑天挺、蔡维藩、王信忠等；地理科讲师有张印堂、洪绂、刘汉等；数学科讲师有蒋硕民、华罗庚、江泽涵等；物理科讲师有施汝为、霍秉权、吴大猷、郑华炽等；英语科讲师有徐锡良、柳无忌、莫泮芹、叶公超等；史地组讲师有吴晗、顾颉刚等；数理化组讲师有赵雁来、沙玉彦、王士魁、戴良模、田渠等，以上均为西南联大各院中学术研究专精、久负盛名的学术大师。[①]

三、形式多样的讲习课程

除了规范妥帖的管理规程及阵容强大的主讲教师以外，暑期讲习讨论会的讲习课程也体现出了形式多样的特色，并提前进行了拟定。按照教育部的规定，暑期讲习讨论会课程由委员会分别拟定讨论要目，各会各项讲演、讨论之时数及各科讲演之题材与讨论标题，应于 6 月底以前拟就，并立即呈部核定。就暑期讲习讨论会学程而言，由前至后分为五部分，具体如下：第一，精神讲话（约占全部讲习讨论时间的 10%）；第二，体育活动（约占全部讲习讨论时间的 10%）；第三，学术讲演（约占全部讲习讨论时间的 35%）；第四，教育问题讨论（约占全部讲习讨论时间的 15%）；第五，分科教材教法之讨论（约占全部讲习讨论时间的 30%）。就课程性质来看，前两类讲习课程旨在使学员的精神得以振奋、体能得以充沛；后三类讲习课程旨在提升教师的教育教学职业技能。暑期讲习讨论会每日学科讲演 4 小

---

① 张睦楚：《育滇省师资·增教育之效——西南联大师范学院与战时云南"中等学校教员暑期各科教育讲习讨论会"》，《学术探索》，2020 年第 9 期，第 118—127 页。

时，讨论 1 小时，此外精神讲话、时事讲演每周 6 小时，体育活动、教育问题讨论及分科教材教法讨论之时数，由各委员会自行酌定。讨论应分个别讨论、小组讨论与全体共同讨论。学员每日清晨 6:00 起床，整理内务，6:30—7:30 举行升旗及早操，10:00 进行精神讲话或学术讲演，10:00—12:00 进行教育问题讨论或分科专题讲演，13:00—15:00 进行分科专题讨论，15:00—17:00 进行体育活动，18:00 举行降旗礼。以下分别对五部分讲习课程进行详细的介绍。[①]

第一，就"精神讲话"而言，由本会主任委员（云南省政府委员兼教育厅厅长）及各委员（各校校长）担任主要讲话人，外请专家数人。"精神讲话"于晨操时行之，因此第一期暑期讲习讨论会的"精神讲话"拟定龚自知、蒋梦麟、梅贻琦、熊庆来各 1 次，由于张伯苓未在昆明，故未能排入。该年度暑期讲习讨论会的"精神讲话"，特别邀请梅贻琦先生做了题为"如何领导青年及教师之责任"的演讲。梅贻琦在演讲中激励各位教师立志于教育事业，一方面教师对青年人格的塑造具有重要的影响，另一方面教师对青年的身心健康发展亦有十分重要的影响，并针对彼时全省上下开展的"导师制"提出工作要求，大力提倡各位教师应特别注重导师制的推行，力求对学生产生积极的影响。[②]

第二，"体育活动"则规定除了周三、周六之外，学员每日均须按照规定时间举行，由委员会聘请涂文、马约翰、侯洛荀、夏翔诸位先生（涂文、马约翰为清华大学体育系与西南联大师范学院合聘，侯洛荀为南开大学体育系与西南联大师范学院合聘）为体育训练的导师，按照体育理论与实际对学员的研讨进行指导。

第三，"学术讲演"一般安排在"精神讲话"活动之后，大多聘请省内各大高校卓有名望、在学术上有一定造诣的学者进行主题学术讲演。就 1938 年暑期讲习讨论会的学术讲演来看，共分为 4 周。第一周的主讲人为傅斯年、孙铁仙等，讲题

---

① 张睦楚：《育滇省师资·增教育之效——西南联大师范学院与战时云南"中等学校教员暑期各科教育讲习讨论会"》，《学术探索》，2020 年第 9 期，第 118—127 页。

② 张睦楚：《育滇省师资·增教育之效——西南联大师范学院与战时云南"中等学校教员暑期各科教育讲习讨论会"》，《学术探索》，2020 年第 9 期，第 118—127 页。

为"地球与生物之演化""教育统计材料之搜集与整理法"；第二周主讲人为秦缵略、李润章、吴正之、林同济、曾恕存，讲题为"中国法币的理论与实施""中国科学的进步""最近中国科学工作之进展""公民人格与教育""现代欧美中等教育发达的动机，原因及趋势"；第三周主讲人为曾恕存、李景汉、伍健一、冯芝生、毛子水，讲题为"中学生心理卫生问题"（续讲讨论题未竟部分）、"国势清查问题"、"圣西门论生产体系社会之组织"、"道德问题"、"科学史在中等教育之地位"；第四周主讲人为戴君亮、周至柔、张凤歧、徐茂先、张克诚等，讲题为"我国司法的改革""中学生应有之航空头脑""国际现势""敌国现势""抗战前途"，除以上各项演讲外，还有其余各小型分科专题演讲。①

第四，本次暑期讲习讨论会还组织了相关教育问题讨论会，当期延聘教育专家共六七人，轮流担任教育问题讨论会主席。相关教育问题讨论会将会员按照学科分成不同的研讨小组，并按照研讨会要求对相关问题事先准备，准备后再进行分科讨论，因此每次研讨会后各学员均有一定的收获。为了详细说明本次暑期讲习研讨会对相关教育问题的讨论主题，特将教育问题轮流主席、相关论题及讨论时间等陈列如下：

徐述先先生　八月十日午前十至十二时主席。参加者沈荔斋，曾恕存，王子正，周粟斋，王齐兴，褚汉生，论题为："导师制实施问题。"

八月十二日，仍由徐述先先生主席，赓续讨论"导师制实施问题"。参加人员略有变动，不赘列……

沈荔斋先生　八月十五日在同时间莅会主席。参加者徐述先，周粟斋，侯奉坤。论题为："中学教师进修及如何促进服务兴趣问题。"

曾恕存先生　八月十七日在同时间莅会主席。参加者周粟斋，徐述先，论题为："中学生心理卫生问题。"

① 张睦楚：《育滇省师资·增教育之效——西南联大师范学院与战时云南"中等学校教员暑期各科教育讲习讨论会"》，《学术探索》，2020年第9期，第118—127页。

罗炳之先生　八月十九日在同时间莅会主席。参加者周粟斋。论题为："中学生训练问题。"

黄子坚先生　八月二十二日在同时间莅会主席。参加者周粟斋。论题为："习题与考试。"

周粟斋先生　八月二十四日在同时间出席演讲。先定王子正先生，因事未到，故临时更改，讲题为："从美国学科课程之科学的研究说到我国今后学科课程的变动。"

汪典存先生　八月二十六日在同时间莅会主席……

邱大年先生　八月二十九日在同时间出席演讲。讲题为："教师责任之新认识。"

周粟斋先生　八月三十一日在同时间出席续讲前讲题未竟部分。原定杨瑞五先生因事未到。

陈雪屏先生　九月一日在同时间莅会主席。参加者周粟斋。论题为："惩罚之施用。"①

第五，对于分科教材教法讨论会，由于教师各自教授的科目不同，按照教师所属学科不同，分为几类学科教材教法讨论会，其会务安排也较为复杂。此外，分科教材教法讨论会固定一周轮换一科课程，共分国文、英文、历史、数学、生物、物理、化学、地理等科，罗常培、闻在宥、罗庸、陆侃如、楚图南、穆木天、刘文典等担任国文科讲师；柳无忌、陈福田等担任英文科讲师；雷海宗、刘崇鋐、雷伯伦、杨俊端、刘寿民、杨履端等担任历史科讲师；杨武之、赵访熊、何奎垣、华罗庚、刘晋年等担任数学科讲师；严楚江、李君范、李立藩、赵以炳、彭光钦等担任生物科讲师；郑华炽、吴大猷、孟昭英、霍秉权等担任物理科讲师；毛子水、曾昭抡、赵雁来、杨石先等担任化学科讲师；张荫棠、刘念生等担任地理科讲师。②大致来说，分科教材教法讨论会充分考虑各科

① 《二十七年暑期云南省中等学校各科教员讲习讨论会简报》，内部资料。
② 张睦楚：《育滇省师资·增教育之效——西南联大师范学院与战时云南"中等学校教员暑期各科教育讲习讨论会"》，《学术探索》，2020年第9期，第118—127页。

的实际情况，以独立科目为组织架构，进行相关学科主题的研讨，共分为两项：首先是分科专题讲习；其次是分科专题讨论。

其中，分科专题讨论会以每周为一轮课程，安排的科目讨论日程及负责教师各不相同，但主讲教师多是西南联大各院系在学术及教学方面卓有建树的名师，如华罗庚、杨武之曾担任算学科的主讲教师，罗庸担任国文科的主讲教师，吴大猷担任物理科的主讲教师，汪懋祖、倪中方担任教育学科的主讲教师。教育学科分科讨论会卓有成效，各类议题不但延续了前述教育问题讨论会的相关内容，还对全省各中学教师日常工作中遇到的各类问题均有深入触及，如对中学教法、教育测验及统计教材教法、中等学校训育、讲演法教学等问题均有一定的探讨。总的来说，在该年度暑期讲习讨论会中，西南联大教授讲授的代表性课程主要有罗庸、曾昭抡、任之恭、黄钰生、冯友兰、潘光旦、樊际昌等讲授的课程。这些课程从在职教师的现实需求出发，并结合了主讲人各自的研究心得，同时提倡师生间的互动研讨，因而取得了较好的成效。①

值得注意的是，为了扩大讲演的影响范围，在该年度暑期讲习讨论会中，部分教师演讲的内容发表在了由云南省教育厅秘书处主编的刊物《云南教育通讯》上。例如，罗膺中的《中国文学史上的几个新问题与新见地》，穆木天的《关于"国文习作中的种种问题"》等。

1946年8月17日，西南联大师范学院与云南省教育厅合作举办最后一期暑期讲习讨论会。本期暑期讲习讨论会由各个教育机关的代表人士组成，共计200余人。为纪念西南联大师范学院与云南地方的精诚合作，该年度暑期讲习讨论会主任徐继祖在讲习班结业典礼中发表特别讲话，对云南当地教师同人提出了四点意见：第一，希望各界今后多与教育机关联系，以求得德业之进展；第二，希望各学员视讲习班之结束为继续进修之开始；第三，希望各位教师今后积极参加教育学术团体，亦获得进修之协助；第四，教育为国家要政，值此结束时期，同人应负教之责

---

① 云南师范大学校史编写组：《云南师范大学校史稿（1938—1949）》,《云南师范大学学报（哲学社会科学版）》校庆增刊，1988年，第313页。

任，更应同心协力，促使国家教育计划的实现。①徐继祖的讲话言辞恳切，情感真挚动人，在场讲习班的学员无不动容。从数量上来看，西南联大师范学院开办的数次讲习讨论会一共培训了云南当地上千位在职教员，由于规格与教学质量较高，在当地产生不小的反响，也取得了较好的效果。

从数量上来看，开办的数次暑期讲习讨论会共为云南当地培训了上千名在职教员，规格与教学质量都较高，因此可以说在当地产生了不小的反响，也取得了较好的效果。另外，西南联大师范学院还与其他机构合作开展相应的讲习班，如 1940年 6—7 月，为了便于市内小学教职员进行系统性的进修，云南省教育厅联合西南联大师范学院为昆明市各大市立小学教师开设了两个讲习班，第一类讲习班为体育讲习班，由西南联大教师马约翰主持；另一类讲习班为教育讲习班，聘请西南联大师范学院的教师主持，参与讲习班的西南联大师范学院教师有黄钰生、查良钊、樊际昌、陈雪屏、陈友松、徐继祖、倪中方、胡毅等。②其除积极培养中学师资和提高在职中学教师的水平外，对社会教育也非常重视。云南省教育厅还与西南联大师范学院合办了"路南圭山实验区国民师资暑期讲习会"。该讲习会自 1943 年 8 月12 日开班，主要针对云南省路南县、宜良县，以及附近的泸西县、陆良县等地的国民小学教师共 200 余人开展教育教学培训。③西南联大还提出了开展普遍社会教育的打算，此举一方面能做好普通教育，另一方面也能使西南联大师范学院的学生从中得到锻炼。昆明市政府和昆明市教育局对此项目十分支持，在两所地方小学里，开办了社会教育实验班④，还在昆明市内的一些学校开办了民众夜校，招收贫苦失学的青少年，学习文化知识，进行抗日宣传，均受到社会各界的好评。类似的

---

① 张睦楚：《育滇省师资·增教育之效——西南联大师范学院与战时云南"中等学校教员暑期各科教育讲习讨论会"》，《学术探索》，2020 年第 9 期，第 118—127 页。

② 张睦楚：《育滇省师资·增教育之效——西南联大师范学院与战时云南"中等学校教员暑期各科教育讲习讨论会"》，《学术探索》，2020 年第 9 期，第 118—127 页。

③ 云南师范大学校史编写组：《云南师范大学大事记 1938—1949（西南联大及国立昆明师院时期）》，《云南师范大学学报（哲学社会科学版）》校庆增刊，1988 年，内部资料，第 87 页。

④ 蔡寿福：《云南教育史》，昆明：云南教育出版社，2001 年，第 589 页。

活动还扩展到其他地区，组织学生进行社会调查，举办识字班，推动了当地文化教育的发展。由于这些项目广招全省范围内的教师，同时为在职教师提供卓有成效的在地培训，一时间西南联大师范学院与云南省教育厅合作开设的各类师资培训班成了云南当地培养教师人才、教师进修的理想摇篮。[①]

四、增进教育之效：暑期讲习讨论会的特点及影响

教育乃立国之本，边疆为国家之门户，云南边疆教育之开发及边疆文化之普及，为国之先务。随着抗日战争的全面爆发，多所高校内迁客观上也使得西部地区师范教育事业获得了一个千载难逢的发展契机。云南作为西部地区的重要省份，也不例外。在此情况下，西南联大师范学院秉持"欲培植良好青年，必先训练良好师资"的院系办学宗旨，积极克服交通不便、财政拮据等困难，根据教育部的相关要求举行了各科教育讲习讨论会，从而在一定程度上改变了云南当地的师资水平不高与教育科学研究能力欠缺的现实。可以说，西南联大师范学院对云南当地中等师资的一系列培训，是充分考虑到了地方需求的，也是与中国现代化发展的智力需要紧密结合的。

从活动类型上来看，西南联大师范学院除了在云南省开展了暑期各科教员讲习讨论会，还有其他一系列的探索，诸如与云南省教育厅合作举办"云南省中等学校师资晋修班""云南省中学理化实验讲习班""初中教员晋修班""高中教员晋修班"及其他各类暑期讲习班等。

教育者对他人和社会文明进步的影响，既潜且巨。因此，需要不断地加强自我学习和进修，以更新知识，提高教学能力。罗廷光在论及教师进修问题时，曾提出过 10 种比较有效的进修方式，包括组织研读团、入暑期学校、参加教师研究社及

---

① 云南师范大学校史编写组：《云南师范大学校史稿（1938—1949）》，《云南师范大学学报（哲学社会科学版）》校庆增刊，1988 年，第 106 页。

各种会议、通信研究、参观、示范、推广学程、教学辅导、给予教师长假使其能出外考察研究等。①但每一种方式的实施，均需要有合适的条件。

战时，教育部对中学教师在职进修非常重视，不仅督促各省举办中学各科教员暑期讲习讨论会，而且要求各省各中学组织各科教学研究会，在 1942 年颁布制定《奖励中等学校教员休假进修办法》，并于 1944 年饬令各师范学院举办在职中学教师进修班等。但从这几项措施实施的具体效果来看，仍以暑期讲习讨论会的效果较好，而其他一些措施的效果甚微。比如，关于成立中学各科教学研究会，虽然各省均已遵照执行，但由于战时设备简陋、图书匮乏、交通不便等原因，此类教研组织很少开展学术活动，实际上是名存实亡的。再如，关于奖励中等学校教员休假进修，教育部鼓励各省教育厅实行服务满九年以上的中学教师可休假进修一年，仍支付原薪水的优惠政策，但由于战时普遍的"师荒"，实际执行者几乎没有。

1944 年 2 月 21 日，教育部颁布了《师范学院附设中等学校教员进修班办法》。该办法规定，师范学院须举办高级、初级中学教员两种进修班，举办费用由国库负担；进修班学员资格为"各省市具有两年以上教学经验、应受试验检定之中等学校教师"，由省教厅选送；进修期限为一年，学员一律免收杂费并由举办学院供给膳宿，学员由原校支薪金并酌给生活补助费，"并应返回原校服务"；进修班教员由师范学院教授、副教授、讲师兼任为原则。②西南联大师范学院与云南省教育厅合作，先后举办过两届云南中等学校师资晋修班。可以看出，除西南联大师范学院举办的两期云南省中学教员晋修班以外，由于时机（抗战末期）、"师荒"、交通不便等因素的影响，教育部关于各师范学院举办中学教师进修班的措施，在其他一些师范学院并没有得到很好的执行。

正是在这样的比较之下，我们再来认识教育部在 1938—1945 年实施的举办中

---

① 罗廷光：《教育行政（上册）》，福州：福建教育出版社，2010 年，第 210—211 页。

② 西北师范大学校史资料编研组：《国立西北师范学院史料摘编（1937—1949）（上）》，北京：中国文史出版社，2014 年，第 597—599 页。

学教员暑期讲习会的举措及其效果，应当会有更客观的评价。笔者认为，战时各省举办的中学教员暑期讲习讨论会，至少有三个方面的效果及影响。

第一，在抗日战争这一特殊背景下，为后方各省特别是一些教育不发达地区的中学、师范或职业学校的部分教师提供了非常宝贵而且可能是唯一的在职进修和学习的机会，使其能够更新知识、交流经验、相互借鉴，促进各地中学教学质量的提高。每届暑讲习讨论会参加的学员、讲师可能不同，数量多寡也不一，但其目标和实质均是一致的，即研讨新的教学方法，促进教育的发展。通过短期培训和学习，受训教师利用假期获得了许多新的知识与方法，提高了工作能力，返校以后，将学到的知识和经验运用于自己的教学中，对各种存在的问题或困难进行合理的解决，使教育的效能得到提高。当然，其促进中等教育发展的作用并非立竿见影的，而是潜在的、长远的。

第二，在一定程度上密切了大学与中学、大学教师与中学教员之间的关系，有助于推动大学的社会化、在地化，使其更好地承担起服务社会的使命。战前，我国大学教育有较严重的脱离社会的倾向，"在地化"有欠缺，受到教育界内外不少有识之士的诟病。在当时的背景下，我国大学服务社会、融入当地有了一定的进展。教育部借此大力提倡各级学校兼办社会教育，并要求各大学、师范学院参与辅导所在省或邻省中等教育，并举办各省的中学暑期讲习讨论会，这无疑促进了大学与社会的交融，有利于大学师生走出校园，接近民众。正是在这个意义上，当时中学教员暑期讲习讨论会的举办，促进了大学教师与中学教员的相互了解，增进了大学与社会的联系，推动了大学的"在地化"。

第三，各省的中学教员暑期讲习讨论会，其组织者与职员、讲师、学员，几乎全部来自教育界。在战时日亟寇深的背景下，还能举办和参与中学教员暑期讲习讨论会，表现出教育界学人的一种弦歌不辍、顽强抗战的精神。战时，虽然我国遇到了较大危机，教育界同人亦面临颠沛流离、物价大幅上涨、生活异常清苦等诸多困难，但中华民族素有越挫越勇、坚强不屈的精神。当时，教育界人士虽不必亲自上前线杀敌，但也并未安居后方，而是通过包括参与中学教员暑期讲习讨论会在内的各种教学活动、尽力培养人才、开展社会服务等方式，增强国家的实力，以助力抗战。这一点，无疑是难能可贵的。

当然，由于云南当地各种客观条件的限制，西南联大师范学院开展的暑期讲习讨论会也存在种种不便。首先，由于客观条件的限制，相关培训举办的频次不多，持续时间也不可能长，可以说这些客观条件是"先天性"的，无法改变。但就各期暑期讲习讨论会的师资来看，不仅地方教育最高行政长官充分参与了暑期讲习讨论会的具体教学，西南联大还积极派出了大量卓具学识、研究精深的教授授课，既保证了教学效果，又鼓舞了全体学员的善学进取精神，由此可见西南联大师范学院对师资进修班的重视程度。西南联大几乎每年均派出讲师，使学员得以在短期内通过教授集中精妙的讲授提高自身的教育教学水平，开阔眼界，掌握了教学技能及方法，并增强了教育信念。其次，虽然课程设置体现出了一定的学术专业性，但由于暑期讲习讨论会是利用暑假开办的短期师资培训教育，为期仅为一个月，课程教学安排较充实，各类课程衔接也较为紧凑，对学员的考核要求也相当高，但这就带来了一个问题，即对学员的个性发展与自由探索支持不足，难以使讲习班的开展达成讲习与讨论并重的新气象，也难以充分调动学员对教育相关问题自由探索的积极性。

总的来说，每一年度各科教员暑期讲习讨论会办得有声有色，得益于具体课程安排得较为得当，如讲习讨论会教务科对讲习讨论会组织委员会、委员任选、各类干事、讲师遴选、人员调用、课程安排、学员往来旅费、日程安排、成绩考察、论文报告要求及出席考勤、参训人员选聘资格与必尽义务等方面均做出了详细的说明及提出了严格的要求，学员得以在具体的指导下有目标、有计划地完成培训研修任务。可以说，高水平的培训（讲演）团队、紧密结合当地实际需求的活动内容、灵活多样的服务方式、严格和科学的管理，是西南联大师范学院地方教育服务活动在较短时间内取得较大成绩的重要原因。

1938—1945 年，西南联大师范学院每年在暑假均开展了暑期讲习讨论会，几乎每一年参训学员人数均在 100 多人，通过数次的暑期讲习讨论会，共为云南当地培训了上千名在职教员，参加过暑期讲习讨论会的教师占了云南当地中等师资力量的较大比例，这部分中学教师在短期的讲习培训中较好地掌握了教育教学的技巧，也丰富了相关的理论知识。经过严格培训考试毕业，返回到工作岗位后，一些学员成了中学校长或地方骨干教师，有的甚至成为省级、市级或县级教育行政部门骨干人员，从而带动了云南地方教育的发展，也为促进地方教育事业的发展做出了一定的贡献。

第四节　附属学校的设置及其他探索

从历史发展脉络来看，西南联大师范学院自成立以来，遵循师范学院的相关规程和精神，积极与地方省市的教育行政机构精诚合作，并与各级各类学校竭力联络，寻求相互之间合作的方式与为社会服务的机会。《师范学院规程》第六条规定："师范学院须附设中小学，藉供学生参观与学习。"①尤其是自战争以来，昆明这座高原小城人口激增，适龄学童人数大增，限于班额，已有的各中小学校已不能兼招入学儿童，班额限制、师资紧张的现实情况引起了西南联大师范学院的注意。西南联大师范学院嘱省教育厅令，同时为了便于师范学院的学生在附属学校实习、进入教学实践的第一线，与当地的中小学生进行积极接触，西南联大常委会决定筹办西南联大师范学院附属中学、附属小学及附属幼儿园，后来又成立了西南联大师范学院附属学校筹备委员会，同时聘请师范学院黄钰生、冯友兰、吴有训、查良钊、陈雪屏等教授为委员，聘请黄钰生为西南联大师范学院附属学校筹备委员会主任。

1940 年 11 月，附属学校正式成立，初定名为"国立西南联合大学师范学院附

---

① 《师范学院规程》，《教育公报》，1938 年第 8 期，第 10—17 页。

属学校"，下设中学和小学。第二年，奉令改名为"国立西南联合大学师范学院附属中小学"，由西南联大师范学院院长黄钰生兼任附属学校主任，附属学校还决议从全省范围内广招适龄学生。①

因为草创急就，加上经费及校舍不足等原因，附属学校的成立一切从简。西南联大师范学院附属学校的成立，使得师范学院学生有了稳定的渠道进行教学实习。此时，师范学院不断组织学生到附属学校进行教学实习，以便学生得以在学校之外兼课有所补充。一方面，师范学院学生得以通过参观与实习行政、训导及教学方法训练，提升教学能力；另一方面，为师范学院师生提供了现代教育原理与技术实验室。为了落实上述任务，师范学院联合附属学校特成立了辅导委员会，"以辅导委员会为附校与师范学院的连锁"，辅导委员会由附属学校主任（后改称校长，由西南联大师范学院院长黄钰生兼任）与师范学院各学系实习导师一起组成，以指导各项研究、教学工作。当时，全院高年级学生较多，如果全部集中在附属学校实习，事实上困难较大，且附属学校各个班级时时更换教员，亦不符合教学实际所需。加之当时生活愈加困苦，学生除有膳食供给外，没有别的待遇，如果准许学生提前离校任教，即以服务成绩作为实习成绩，对社会、学生两方面均有裨益。此后，师范学院因地制宜，不断改进教学实习方式。1942年，除了安排学生在附属学校实习之外，还采用了"离校实习办法"，让学生到附属学校以外的学校进行教学实习，或是以服务成绩作为实习成绩。于是，西南联大常务委员会决定由师范学院教师胡毅、陈友松、徐继祖三位教授负责拟定当年学生离校实习办法，共计三条，分别为学生应聘须得院方许可；离校实习以教学为限，如果担任行政工作，仍须兼课；如果有学生愿意留校实习或继续研究工作，可由学生自行确定，但须要先期呈报。②

---

① 云南师大校史编写组：《国立西南联合大学师范学院的增设和独立》，《云南师范大学学报（哲学社会科学版）》，1988年第2期，第97—103页。

② 张映庚：《国立西南联合大学师范学院教学、科学研究及教学实习》，《云南师范大学学报（哲学社会科学版）》，1988年第4期，第61—69页。

在附属学校创办期间，黄钰生拟定了附属中小学的办学思想，认为附属学校的设置必须是"移植天津南开中学的一套理念"，"这套理念"主要有以下几个方面：将附属学校作为师范学院学生实习的重要基地，慎选师资，认真教学；严格要求，及时以各类考试检验教学成果；课外活动活跃且形式多种多样；注重通过体育培育可贵的合作精神①；学生德育培养方面应熏陶重于管理、实践重于说教，以校风熏陶学生之品德与情操，而不以规章细则来束缚学生之活动与行为，着力发挥南开中学重视体育锻炼、提倡社团活动的传统，可以说他的办学理念在师范学院附属中学的实践中则相当成功。他回忆说："附中声誉渐好，省政府主席想送他的女儿来上学，我们坚持先考试后入学原则，表示考试及格才收。后来这孩子到别的中学去读书了。"②这一例子足以说明他对附属学校办学风气与办学质量的重视。此外，他还为附属学校制定了三项任务："为师范学院实习行政、训导及教学方法的场所，为师范学校的学生实验现代教学原理与技术的实验室，为一般中等学校树立模范。"为了提高学生的外语水平，他在讲授心理学和教育学的过程中，经常为学生一段段地范读英语课本，以纠正学生的发音，等于给学生开了一门心理学和教育学的英语课。③西南联大师范学院及其附属学校培养出了无数出色的人才。④当时，附属学校，特别是附属中学十分注重对学生道德品质和师范意识的培养，首先要求教师广泛与学生接触，这种接触不以课本和教室的四壁为限，即使在教学中，也须有人格的感染。黄钰生认为这种感染是教育最终的意义和最高的目的，也是师生间最美好的关系。在学制方面，附属中学根据教育部

---

① 这种合作精神不仅存在于学生与学生之间，师生之间的相互了解与合作也为师范学院所重视，教师就学生日常生活与集体活动加以积极指导，以期培养学生的自治能力，从而养成言行一致、笃实乐业的人才。与其他学院不同，师范学院虽然设主任导师一职，但对学生训导的主要责任同时由院长、各系系主任与教授联合承担，加之几乎全体学生住在学校的学生宿舍，大大方便了师生间的相互来往，教师与学生间接触的机会较多，彼此相识，情感密切。

② 刘宜庆：《先生之风：西南联大群英谱》，沈阳：辽宁人民出版社，2020年，第335—340页。

③ 熊铣：《天津民进有"五老"（三）》，《天津市社会主义学院学报》，2005年第2期，第46—48页。

④ 高成鸢：《被遗忘的大教育家黄钰生》，《社会科学论坛》，2014年第5期，第124—134页。

令进行了大胆的改造。当时，昆明市的中学学制都是初中三年，高中三年，西南联大师范学院附属中学却实行的是六年一贯制，不分初中和高中，属于试验性质的。因此，教育部编印的教材和大纲对其不太适用。为了解决这一问题，各科教师只得自己编教材和写讲稿。然而，因经费和印刷条件的限制，不能将讲稿印成讲义发给学生，只得采用"师投生录"的办法，可是教师又多系外省人，口音不同，这就迫使学生不仅要课前预习，上课时要专心听，课后还要复习和互相核对笔记。这样做，也培养了学生自觉学习的习惯。

附属中学还设立了实验部，根据当时国内外流行的现代教育理论，在教学过程、课程、教材、教法、功课时间及实践等方面均开展了大量卓有成效的教育教学研究实验，加之充分运用了当时较为风靡的教育测验手段，同时也注重学生的心理素质的养成、实践能力的提高，使得附属中学不仅是师范学院教育学系教育理论有效的实践场所，也是师范学院教育学系新的教育理念的实验场所，对西南联大师范学院教育学系的科学研究起到了一定的促进作用。①按照附属学校的规定，相较于其他的普通中小学而言，每名教师承担的教学任务相对较少，这便于教师得以充分利用时间更好地准备课程教学，也能使教师有充裕的时间从容地指导学生进行各类活动。此后，为了更好地开展教学活动，并加强学校与家庭的相互合作，促进儿童身心的健康发展，附属学校还附设了学校顾问委员会。②为了严格教学、夯实学生基础，附属学校制定了一套系统的教学计划，选择的教材及教学方法均体现出学校办学的较高水准，并力求给予学生选择的空间，同时也注重对学生情操的陶冶与人格的锻造。

附属学校比较注重德育，其特点可以概括为：重熏陶不重管理，重实践不重说教；以校风熏陶学生之品德与情操，不以规章细则来束缚学生之活动与行为。有关训育事宜不局限于训导课之专职，而分布于全校之各部——寓德育于教学、体育、

---

① 西南联大北京校友会：《国立西南联合大学校史—— 一九三七至一九四六年的北大、清华、南开》，北京：北京大学出版社，1996年，第419页。

② 《联大附设学校，暂设小学与初中各级》，《云南日报》，1940年8月22日，第4版。

课外活动之中。附属学校无惩罚条例，无记过办法，对于学生学业之怠惰、行为之过失，以谈话方式诱导规劝，从不当众斥责，以免伤害其体面；不得已而劝退学生，亦不挂牌，以免伤害其名誉，自尊、自治、自爱之情操是附属中学训育的目标。至于心的健康，卑之无甚高论，只求学生有"出息"，能做的自己做，能受的自己受，能负责的自己负责，可尝试的鼓励他去尝试，遇到困难想办法克服。附属学校对于每个儿童的兴趣、胆量、气质加以爱护，对于艺术、音乐、劳作、团体活动等有利于表现自我的科目，特别加以注意。附属学校秉承"本校同人不敢希冀培植天才，但不践踏天才"的育人理念，将孩子的兴趣当作嫩芽看待，认为对孩子个人兴趣必须小心翼翼地培植和灌溉。[①]

附属学校创办的初衷之一在于安置西南联大教职员的子女入学，这部分教职员子女大多具有较好的文化素质以及受到了较好家庭教育的熏陶。附属学校的师资绝大部分为西南联大师范学院毕业生，这部分毕业生教学认真、要求严格，使附属中学的教学质量得到了保证，在当地起到了一定的示范作用。当然，由于西南联大师范学院较强的师资与彼时方兴未艾的各类教育实验思潮的涌起，附属学校也作为西南联大师范学院在云南当地教育实践的实体，成为西南联大师范学院开展一系列教育实验与教育活动的重要场所。附属学校的教育研究开展得比较好，可以从教育理论入手指导教育实践中的一系列问题，因而这类教育实践又得以反哺师范学院教育相关学科的研究。

1943年9月，黄钰生向西南联大常委会提交辞呈，恳请辞去院长及附属学校主任职务。他声明自己并非畏难而辞职，而是"十数年未尝读书，饥渴已深，实难再事抑制耳"[②]。黄钰生虽然提交了辞呈，但也在积极处理西南联大师范学院及附属学校的一些工作，为后续工作的顺利开展奠定了良好的基础。

---

① 北京大学，清华大学，南开大学等：《国立西南联合大学史料 一 总览卷》，昆明：云南教育出版社，1998年，第409页。

② 云南师大校史编写组：《国立西南联合大学师范学院的增设和独立》，《云南师范大学学报（哲学社会科学版）》，1988年第2期，第97—103页。

第五节 西南联大师范学院教育学系地方教育服务的特点

一、不拘一格，积极探索多种形式的教育服务方式

纵观西南联大师范学院及教育学系开展的一系列地方教育服务，可以说呈现出了形式多样、不拘一格的特点，这也是与当时具体的社会背景及其所处的特殊地理条件相适应的。由于云南当地特殊的教育环境，师资水平提升已成为地方教育发展的关键，西南联大师范学院积极寻求多种"在地化"的合作形式，为促进云南地方师资队伍教育教学能力的提升而努力。虽然西南联大师范学院开展的一系列地方教育服务取得了较好的成效，但由于云南地处边疆且交通不便，更多的教师难以参加培训。为了解决这一现实难题，师范学院并不局限于"课堂式"的培训，而是积极探索多种形式的服务。除了前文所述的在职教职员晋修班、暑期讲习讨论会、创办附属学校等具体实践以外，西南联大师范学院还与昆明广播电台合作，面向全省、全市多次举办教育学术广播讲座。广播讲座一方面跨越了校园"有形的墙"，突破了空间的限制；另一方面也弥补了各类在职教职员晋修班及暑期讲习讨论会受时间限制的不足，在社会层面起到了宣传作用，也产生了较大的反响。此外，黄钰生亦常受到昆明广播电台邀请，结合在西南联大的教育思想及抗战需要，做空中教育演讲，激励人心，教化群众，如每年的儿童节演讲、教师节演讲等。①

在今天的教育中，讲座实为一种"集中力量办大事"的方式，而在抗战时期，教育讲座将有限的力量最大化，短期内可以开阔听讲者的眼界，丰富其学识，演讲

---

① 戴美政：《抗战强音：昆明广播电台与西南联大》，昆明：云南教育出版社，2018年，第72—73页。

者以通俗易懂的语言宣讲，面向全省公众进行学术讲座，更加便于教育思想的广泛传播。

这类学术讲演的听众，不仅有各学校的学生，亦有各级各类学校的教师与各机关单位的职员。这种带有学术性兼具宣传性的学术讲演，对于战时大后方的人民大众知识的普及而言，实属高效之举。不仅如此，西南联大师范学院教育学系还曾在抗日战争结束前两个月，有计划地举办战后教育座谈会，共开会七次，讨论范围涉及整个教育的各个领域。全体教授、讲师、助教均积极参加，踊跃发言，每次开会均在三四个小时，发言记录整理后报送教育部，供其进行决策时参考。①

除了采用"走出去"的方式，西南联大师范学院还采用"请进来"的方法，积极与其他学术或非学术团体进行沟通，邀请本地或邻近地区的各类团体参观学校，了解本校的办学情况。例如，西南联大师范学院曾于1939年12月26日邀请缅甸教育访问考察团到西南联大进行参观，考察团参观了西南联大的学生宿舍、课堂、图书馆、学校行政部门，以及理工学院、实验室等，西南联大师范学院联合当地的云南大学、内迁至滇的同济大学、北平研究院等高校及文化团体，为缅甸教育访问考察团举办了欢迎宴会。②

二、注重地方现实需要，教育服务倡导彰显地方特色

任何一所师范院校的创办，在主张教育研究与实践相互结合的理念指导下，必然要考虑到地方的现实需要，其运作需要与地方特色相结合，这已成为近现代师范院校创办的一大宗旨。在这一理念的影响之下，我国近代一些师范院校也纷纷开展

①　西南联合大学北京校友会：《国立西南联合大学校史——一九三七至一九四六年的北大、清华、南开》，北京：北京大学出版社，1996年，第418页。

②　《缅甸访问考察团参观联大、云大》，《云南日报》，1939年12月27日，第4版。

彰显地方特色的一系列活动，如北京高等师范学校从 1917 年起，就根据中等学校对各科师资的需要与中学课程配套的要求，开设了教育专攻科、手工图画科、国文专修科、体育专修科、音乐训练班，这是与当时华北地区对师资人才的需要相吻合的。[①]加之彼时北京高等师范学校校长李蒸提倡师范教育除了一般文化科学以外，劳作教育在教育学系的地位也是十分重要的，因此除了对学生修业年限做了适当的延长，注重学术研究与大学内在精神的提升以外，北京高等师范学校还模仿美国模式成功地将研究、教学与推广三者相融合，打造一个类似英国式的自由学院加上德国式的大学的一个混合组织，试图增进学生"做""学""用"三者的结合，可以说这种模式在一定程度上体现了师范学院的传统且中规中矩的特点，当然也与五四时期在北京高等师范学校宣传得如火如荼的杜威先生的实用主义与平民教育思想有很大关系。[②]南京高等师范学校在 1920 年举办了第一届针对在职师资的暑期学校，其课程设置种类丰富、专业，取得了较好的培训效果，此后暑期学校也开展了数次。[③]

与北京高等师范学校、南京高等师范学校不同，西南联大师范学院显然更加注意到了云南地方的现实需要，希望从云南地方特色入手，实现学术理论研究与实践的双向互动，学校不仅着眼于教育相关理论的教授，更注重与地方的相互联系，打造了一个既有时间感又有空间感、既有理论感又有现实感的"教育理论探讨园地"。[④]

从西南联大师范学院教育学系与云南省地方教育当局合作开展的一系列活动来看，可以说其坚持的是一种"在地化"、云南化、边疆化的服务路径，倡导与地

---

① 张睦楚，孙邦华：《移植与范式转型：20 世纪二三十年代教育学科建设之历史考察——以北京高等师范学校为例》，《教育理论与实践》，2014 年第 31 期，第 13—17 页。

② 孟宪承：《大学教育》，北京：商务印书馆，1933 年，第 9 页。

③ 胡金平：《暑期学校与民国中小学教师专业培训》，《教师发展研究》，2018 年第 2 期，第 93—101 页。

④ 廖敏，傅游：《西南联大与政府共同治理中的冲突和调适》，《山东高等教育》，2015 年第 6 期，第 69—77 页。

方的直接对话。例如，在各类晋修班与讲习班中，讲座大量渗透了对云南当地各类问题的思考，如田培林的"边疆教育的几个具体问题"、陈友松的"边疆教育的民族问题"、罗常培的"如何在云南推行国语教育"等问题。当然，师范学院附属学校的创设本身也是充分考虑到了地方的需求。再如，为了培育学生的团结精神，同时增进师范学院服务社会的能力，师范学院鼓励学生利用寒暑假成立了"生活教育团"，组织云南籍学生进行实地考察，鼓励他们到云南本地民众中去，到乡村、边疆去学习、体验，进而发现教育问题，同时开展少数民族与边疆区域的相关调研，并用戏剧、歌咏、访问、壁报、报刊、慰问等形式进行宣传，通过与云南当地社会打成一片的方式，从而了解、研究云南当地的自然环境、独特的人文社会。1942 年暑期，在昆明学生救济委员会、西南联大青年团等的资助下，西南联大师范学院教育学系学生发起了一个名为"边疆教育研究会"的教育研究团体，学生利用当年暑期对云南边疆教育进行了实地考察，旨在调查边疆教育的具体情况及其现状，以为边疆教育的相关研究提供参考。[①]

三、短时限与强师资相结合，推动地方教育发展

纵观西南联大师范学院乃至教育学系开展的一系列地方教育服务活动，呈现出时间短暂但收效较大的特点。它是如何形成这一特点的？如何既能在短期内开展地方教育服务，又能取得较大的成效？这是一个值得认真总结的问题。首先，为了提高师范院校教师的教学质量和研究水平，教育部于 1941 年 12 月颁布了《教育部奖励师范学校教员进修及学术研究暂行办法》，规定师范院校教员的进修分为休假研究和参观考察两种。其一，为休假校外进修，进修期限为半年，范围为以能增进与所任学科教学有关之专门知识及技能为主；其二为校内进行且不停止原有工作研究的进修，期限为 1 年，进修范围为能增进与所任学科教学有关之专门知识及

---

① 周简文：《西南联大的边教服务团》，《边疆通讯》，1943 年第 5 期，第 12—13 页。

技能为主。①从这一文件的内容来看，无论何种类型的进修，都不能对原有的教学工作产生影响或使之停顿，这就决定了针对师范院校教师组织的进修活动需要在短期内以相对集中的方式进行，尤其是彼时西部地区对合格师资有着急切的现实需求，地方教育服务必须首先满足本地社会需求，必须优先考虑的是对合格师资的短期需求。因此，西南联大师范学院的相关地方服务活动不可避免地呈现出了某种"临时性"的特征。其次，西南联大在昆明的时间仅有 8 年，师范学院的一系列"在地化"探索主要集中在 20 世纪 40 年代初的少数几年。由于客观条件的限制，相关培训举办的频次不多，持续时间也不可能太长。然而，就师资来看，配备的都是高水平的教师，这也使得学员的教育教学水平在短期内得到了一定程度的提升。

有学者曾提出这样一个论断：如果说云南的高等教育落后内地一百年的话，那么由于内迁大学的到来，把它推前了半个世纪。②这一论断是基于整个抗战时期大批高校内迁得出来的，我们难以做出准确的评判。但是，就西南联大师范学院乃至教育学系在云南期间开展的一系列地方教育服务活动来看，影响确实是巨大而深远的。一方面，师范学院承担起了为当地教育服务的重要职责，派出了各科学者专家对全省范围内的中小学教师实施了卓有成效的培训工作，课程设置也体现出了极强的学术专业性，使这些中小学教师在短时期内既有效掌握了教育教学的技巧，又丰富了相关的理论知识，回到工作岗位后带动了地方教育的发展；另一方面，若要重视地方基础教育的发展，必须提高中小学教师的素质，提高中小学教师素质必须培育尊师重教的社会氛围，西南联大师范学院通过卓具成效的地方教育服务，为当地营造了一种良好的社会风尚。在云南期间，西南联大师范学院教育学系于每年教师节联合云南省教育厅推出褒奖中小学教职人员的活动，表彰表现出色的中小

---

① 李友芝，李春年，柳传欣等：《中国近现代师范教育史资料（第二册）》，内部资料，1983 年，第 445—448 页。

② 符开甲：《民国时期的云南高等教育》，见中国人民政治协商会议云南省昆明市委员会文史资料委员会《昆明文史资料选辑（第二十六辑）》，内部资料，1996 年，第 214 页。

学优秀教师，这在当时成为一项固定的活动。云南省教育厅还联合《云南日报》《云南教育》《云南教育周报》等当地的各类出版物，邀请西南联大师范学院教育学系的知名教授撰文以宣扬教育的重要性，并树立地方杰出教师之典型，这对于社会形成尊师观念和加强师范生的服务精神有着重要作用。可以说，西南联大师范学院在西南边陲开展的一系列地方教育服务活动，镌刻了教育服务"在地化"最纯真的精神。①

　　西南联大师范学院教育学系当时进行的地方教育服务和社会服务，当然远不止于此。以地方教育服务来说，西南联大师范学院教育学系还做了一些其他方面的工作。西南联大师范学院教育学系对当地中等师资的一系列培训，充分考虑到了地方的需求，并与地方现代化发展的智力需要紧密结合。结合当时云南省中小学师资水平不高、缺乏专业训练及社会教育匮乏等问题，其适时开展了与现实需求相结合的小学教员进修班、民众社会教育服务等工作，在一定程度上推动了云南省地方师资的建设。限于篇幅，本书无法一一细述。应该说，这些社会服务或地方教育服务活动，是师生在正常的教学、科研之外，不畏艰苦，克服交通不便、经费短缺等困难后得以完成的。尤其是在战时国家经济文化建设事业呈现低迷、教育事业得不到充分发展的历史背景下，战时内迁高校对地方教育服务与社会改进的种种难能可贵的尝试，作为中国高等学府抗战救国教育实践的缩影，极大地振兴了国家尤其是西部地区的教育事业，镌刻了战时高等教育"作育地方人才服务、增进战时教育之效"的理想，其中彰显的大学不能推卸、不能弱化的社会责任与师生参与社会教育的服务精神，或许可以给我们今日高等院校的建设提供一些启发。

---

① 易社强：《战争与革命中的西南联大》，饶佳荣译，北京：九州出版社，2012年，第1页。

第四章

西南联大师范学院教育学系学生的
地方教育服务

20世纪30年代末期，教育部颁布了相关的师范学院学生实习办法，规定了师范学院学生的教学实习相关考核标准，对师范学院学生的实习内容、时间安排、实习场所、实习指导及实习成绩的考核等均做出了详细的规定，有效地完善了师范生的实习制度。尤其是鼓励学生自主地深入到教育实际情形中开展教育研究，这有利于增强学生的实际工作能力，较快地适应教师职业。

西南联大师范学院教育学系作为战时重要的师范教育培训机构，在为地方培养高质量的中小学教师之外，还为增进师范院校与地方的联系、加强师范生理论学习与社会服务的链接开展了一系列的探索，并组建了一些学生实习社团组织。这些探索主要有学生自发组织的教育服务组织，如生活教育团、边疆教育考察团、暑期服务队等。一方面，倡导与地方多种教育形式结合；另一方面，注重地方特色并主张教育理论与实践的直接对话。本章以"生活教育团"为核心分析西南联大师范学院教育学系学生的实践探索对提升边疆教育水平的影响。同时，这也体现出了彼时西南联大师范学院教育学系学生的学术研究与社会教育、理论研究与社会实践之间的互动状况。

第一节　西南联大师范学院教育学系学生的
地方教育服务概况

1944 年，教育部颁布了师范生见习、实习的相关规程，对各大国立师范学院师范生教学、见习、实习、试教等相关方面做出了明确规定。

……

三、教学见习在第三学年分科教材及教法一科目行之试教，在第四学年教学实习一科目内行之，分由各该科目教授担任，指导其试教时数每生每周三小时。

四、充任实习教师于第五学年内行之，各校院应于各生第四学年学业结束前三个月，会同所在区内省市教育厅局，将拟分发各生实习之学校名称（以本师范学院所在区内办理成绩优良之公私立中等学校为限），各生担任之科目或职别，连同各生姓名、性别、年龄、籍贯、肄业学系、入学年月暨部令核准文号及以往七学期之学科体育操行等项成绩平均分数，报部呈请分发充任实习教师。

五、实习教师之待遇在国立中学及师范学校，应照国立中等学校教职员支薪标准之规定，支高中专任教员最低□□，在国立职业学校及各省市中等学校应比照此项级俸标准办理，其他补助津贴与一般教师同。

六、实习教师每周教学时，□以各该校专任教员任课之时数为标准。

七、教育学系及公民训育学系学生充任实习教师时，除担任教学工作外，须特别注重实习学校行政及学生训导工作。

八、实习教师须将所任教学科目编为教学预订表，并须按照教学程序逐周编为教案，逐日填写教学进度表前项，预订表教案及进度表均须于学期终结时汇集成帙，经原校指导实习教授所在学校校长教导主任及各该科目首席教师加具考评签名盖章后，汇送各该校院批阅核定其教学成绩。

九、实习教师须逐日详细记载本人之生活情形及服务观感，于实习期满后径送各该校院，是项生活日记应作实习成绩之一部分计算。

十、实习教师须遵照中央及所在省市之各项教育法令，暨所在学校各项章则认真服务，如因事或因病必须缺课或请假时，须照章请假补课，其缺课时数应由所在学校切实统计，于每学期结束时，通知原肄业师范学院，前项缺课时数应□在校授课与缺课扣分办法办理。

十一、实习教师应遵守校章，各校院对于充任实习教师各生操行成绩之评定，应参照原指导实习教授及所在学校校长之教语评定之。

十二、各师范学院对于实习教师及其服务之学校，应取得密切联系，实习教师应随时向院方报告生活，暨实习情形及困难问题，由指导实习教授分别予以答复指导。

十三、实习教师任教满一年后，其服务成绩经由原校审核后，转呈教育部复核无异者，准予毕业，并发给毕业证书及教师资格证明书。[①]

西南联大师范学院教育学系虽然面向全国招生，但十分关注云南当地教育、文化事业的发展，特别是关注到了云南当地对教育服务的需求及满足等诸问题。为了满足西部教育发展的需要，西南联大师范学院教育学系鼓励在校师范生根据社会需求积极参与地方教育服务，提倡师范生积极利用暑假时间传播学术、促进地方教育的发展等，这些教育服务不仅在一定程度上推进了师范生的"教""学""做"合一，也更好地提升了师范生认识生活中的教育问题并联系实践解决问题的能力。西南联大师范学院教育学系遵照教育部的规定，结合当时的现实状况及自身的实际情况，组织了师范生教学实习。

为了更好地在现实中实践所知、开展服务，西南联大师范学院成立了图书委员会、各学系学生学会等自治团体。因此，师范生的地方教育服务活动成为研究师范教育近代化发展历程绕不过去的一个重要议题。西南联大学生组织成

---

① 《师范学院学生教学实习办法》，《教育公报》，1944 年第 12 期，第 2 页。

立的社团种类众多、活动异常丰富，诸如学生联合社团、联大戏剧社、各省同乡会、各校校友会、歌咏会等，经常聘请校内外各知名教授或名人到社团演讲，或是在假日期间聚集在一起到昆明郊外的西山等地野餐。这类团体活动培育了学生的群体精神，并增进了其服务社会的能力。值得注意的是，师范学院的学生还组织了生活教育团。生活教育团的主要成员大多是西南联大师范学院四年级学生，旨在联合最大范围内的师范学院学生赴各县考察教育及社会实际情况。其宗旨主要有三个方面：第一，在现实生活中发现教育问题，从而整顿生活；第二，将学习的教育知识及理论应用到现实生活中；第三，利用各种假期，扩大生活教育团战时服务的影响力，到民众中去、到乡村中去，用戏剧、歌咏、宣传、访问、报刊、慰问等教育形式教育广大民众，并建立中国抗战光明前途的重要意识，从心底里激发民众的抗战热情。总的来说，西南联大师范学院教育学系学生自发成立的学生组织类型众多，就教育实践考察而言，主要有生活教育团、边疆教育考察团、暑期服务队等。这类学生团体的主要成员大多是西南联大师范学院的学生，旨在组织师范学院学生赴云南边远各县考察教育及社会实际情况等。限于篇幅，以上各类地方教育服务不能一一列举，特以西南联大师范学院学生自发组织的生活教育团为例进行说明。

第二节　生活教育团的组建

1939 年 7 月，生活教育团组织了一次暑期实践活动，奔赴昆明、玉溪等地，对当地进行教育考察并开展抗战宣传活动。这也成为本节要考察的学生实习的重要个案。基于此，有一系列问题萦绕着沃恩：西南联大师范学院教育学系学生的暑期实习服务状况如何？师范学院教育学系的学生开展了怎样的暑期教育服务？对这些教育活动的探索映射出怎样的一种现实？很显然，对此类问题的探寻，有助于我们更好地理解抗日战争期间西南联大师范学院教育学系的育人目标如何在学术与社会之间游走、如何在教育理论与实践服务之间产生互动等一系列问题。

何谓生活教育？何谓生活教育团？对于这两个问题的解答，在一定程度上能帮助我们理解西南联大师范学院教育学系学生自发组织这一表述的内涵。生活教育指的是生活与教育是不可分割的，只有与生活密切联系，教育才是有生命的，因此生活即育、社会即学校。为了秉承"实习之注重乃公益事业之关切"的宗旨，西南联大师范学院的学生应走出校园的深墙，与边疆民族生活充分接触，要到现实生活中学习，既要深入农村，又要扩大战时服务的场景，从而在实际生活中发现教育问题。[①]基于这一共同的理念，西南联大师范学院教育学系学生自发组成了生活教育团。生活教育团自创立之初，即依据云南省教育厅发布的相关规程和办法进行组织建设。

生活教育团首先对本团的活动宗旨进行了设定。西南联大师范学院的生活教育团严格按照《师范学院学生组织初步活动办法草案》进行组织筹备，全团共设三个职位和部门，分别为生活教育团名誉团长（专门负责团务会议）、生活教育部及总务部，三部分别设置顾问若干。按照各小组的具体任务，生活教育部又分为庶务组、宣传组及康乐组，分别负责生活教育团的伙食、卫生、庶务、保管，活动宣传，以及团体康乐等具体工作。按照教育调查的具体活动任务主题，又分为中等教育调查组、小学教育调查组及社会教育调查组，分别配有专门人员负责各级教育的相关调查。总务部分为会计组、文书组及团务组共三组，分别负责教育考察工作中经费分配、文书资料整理等工作。[②]

① 陈兆肆：《民国时期关于师范生教育实习问题的讨论》，《教师教育研究》，2019 年第 1 期，第86—92 页。

② 张睦楚：《试述西南联大师范学院师范生暑期教育服务及其开展——以"生活教育团"为中心之探讨》，《教师教育研究》，2020 年第 1 期，第 115—121 页。

生活教育团组建后，学生提出了令人振奋的口号，并具体拟定了生活教育团的活动宗旨。生活教育团的具体活动有以下三个方面：第一，生活教育团通过鼓励师范学院学生到云南本地民众中去、到乡村去、到边疆去，从而使学生得以真正学习、体验、发现教育问题，通过融入云南当地社会，从而使学生得以了解、研究云南当地自然环境、独特的人文社会，并积极开展少数民族与边疆区域教育的相关调研。第二，生活教育团大力提倡大学教育社会化，鼓励师范生通过将学习的教育知识及理论带到现实生活中去验证，使他们得以在现实生活的体验中获得对相关知识和理论更加深刻的理解，也使理论得到进一步拓展，从而对教育实践产生指导意义；第三，生活教育团的最大特点在于利用各种寒暑假学生活动，提倡生活的、行动的、实践的暑期服务活动，通过各类教育服务，充分了解暑期农村工作不仅是一个口号，而是能真正了解社会、研究社会、服务社会，只有充分地进行生活的、行动的、实践的暑期教育服务，才能从实际层面扩大生活教育团的影响力。生活教育团对具体教育考察工作做出了一系列规定，主要运用戏剧、歌咏、宣传、访问、壁报、报刊、慰问等多样又与农村现实相结合的形式进行教育宣传，与当地民众面对面交流，激发民众的抗战激情，并塑造民众对战争胜利的重要意识。从生活教育团开展的一系列地方教育服务活动来看，主要包括师范生编制教材、乡村巡回施教、供给教育宣传资料、进行社会及教育调查、收集当地教育文献资料、宣传抗战救国主张，以及积极沟通汉族与少数民族之间的感情等。

值得一提的是，为了使相关活动的开展得到充分、有效的指导，生活教育团还专门邀请了西南联大一批卓具学识、学术造诣精深的教授作为团长及顾问，如生活教育团聘请师范学院院长黄钰生教授作为团长，聘请师范学院教师查良钊、陈雪屏、罗廷光、陈友松等作为顾问。此外，周锡爽、张季材等云南地方教育行政官员也被聘为相关教育问题的顾问。顾问们对西南联大师范学院教育学系学生的此次暑期教育服务给予了极大肯定，全体团员积极参与的士气、善学进取的精神亦得到了充分鼓舞。为了使团员对生活教育团的举办办法、调查安排、调查路线、具体作息等有所了解，生活教育团会务科还专门编撰了《国立西南联合大学关于师范学院教育系三年级生活教育团手册》，并分发给团员。此外，还特地邀请生活教育团顾问为团员进行临行前赠言题词，顾问均充分肯定了西南联大师范学院教育学系学生开展的此次农村教育活动对促进云南当地教育发展的重要意义，并鼓励生活教育团团员努力了解及研究社会，利用暑假集中的时间充分投入云南地方的社会教育服务工作，并在教育理论的指导下积极开展农村调查与抗战救亡宣传工作，从而完成青年贡献国家、奉献社会的使命。

从生活教育团的人事组织方面来看，主要以西南联大师范学院教育学系为主体。具体来看，生活教育团的成员主要是由两类学生构成：一类是西南联大师范学院教育学系三年级云南籍学生，组团前期报名参团的学生均可成为会员；另一类为非云南籍学生，这部分学生的加入经过了团务会议同意。在团队组织纪律方面，为规范团员暑期实习的具体行为，团务组还出台了《国立西南联合大学关于师范学院教育系三年级生活教育团团员公约》（同时呈请学校备案），对团员遵守会议决议议案、团体纪律及服务热忱与合作精神等方面做出了规定。《国立西南联合大学关于师范学院教育系三年级生活教育团团员公约》强调了团员在教育调查活动中的参与积极性和应进行坚持不懈的努力，如规定本团团员须绝对遵守团务会议决议议案、不得任意破坏团体纪律，调查进行期间不得中途随意退出教育团，在团体内个人不得私自活动，须热心服务，不得任意失职，必须注意个人之仪表。同时，《国立西南联合大学关于师范学院教育系三年级生活教育团团员公约》亦规定团员必须有自治、合作、互助之精神，当团员有违反团体之行为时，可由全团公决处罚。为了使生活教育团的学生更好地开展教育服务，西南联大师范学院在生活教育团成员临行前特地举办了一系列讲座，针对团员可能遇到的各类问题进行了宣讲指导，如顾问陈友松开设了关于"边疆教育的民族问题"的演讲，顾问罗廷光进行了"学生训练问题"等相关主题的演讲，取得了良好的效果，增强了团员的信心。[1]

自生活教育团成立以来，团员们均秉承了立志于教育研究并辅以学、问、思、辨、行并重的精神，深入到云南当地农村，在现实生活中学习、体验，去发现教育问题，对当地进行教育考察，并开展了相应的抗战宣传活动。1939 年 7 月，生活教育团全体成员自昆明西南联大校区启程，走过云南省南部地区共计十多个县市，考察时间共计约 40 天，至暑期结束集体返回学校。具体来看，生活教育团的日常工作安排较为紧凑，团员们早上 6 点起床，晨操半小时后，开展参观当地的调查活动，下午集中进行宣传、游览等活动，晚上例行开展团员生活检讨、工作检讨及自我教育。至于生活教育团考察所需路费、膳食费、生活费等，则由云南省教育厅津贴、西南联大本校津贴及团员缴纳的团费得以补助。[2]总的来说，生活教育团的活动组织得有条不紊，暑期教育调查安排得较为得当、具体，教育考察活动开展得也是有声有色。生活教育团的成员得以在具体的指导下有目标、有计划地完成云南各县市的地方教育服务，这些"在地式"的教育调查活动，极大地激发了团员了解地方教育现状、服务地方教育的兴趣。

正是在这为期一个月左右的时间中，西南联大师范学院教育学系的学生彼此联系起来，有了表达共同关心的教育问题的聚会场所，并有了充分展示自己才华的空间，鼓舞了学生的士气，使他们产生了一种强烈的归属感。因此，在此种学生社团中，这些师范生形成了一个具有开放性与包容性的"想象的共同体"，得以身临其境地将自己置身于一系列的地方教育服务活动中。

除了生活教育团以外，西南联大师范学院还动员学生积极组建暑期服务队。暑期服务队是由西南联大师范学院教育学系相关专业的学生组织起来的另一个暑期教育服务团。暑期服务队成员在暑假期间深入到云南少数民族聚居区进行农村教育服务，白天与群众一同下地劳动，边劳动边谈心，晚上为当地群众举办识

---

① 《国立西南联合大学关于师范学院教育系三年级生活教育团团员公约》，内部资料。

② 张睦楚：《试述西南联大师范学院师范生暑期教育服务及其开展——以"生活教育团"为中心之探讨》，《教师教育研究》，2020 年第 1 期，第 115—121 页。

字班，或就地开展教育演出。暑期服务队还帮助群众开展卫生服务并做家务劳动，在此基础上学生还有目的地进行了社会调查。①除此之外，西南联大学生自发组织的教育考察社团还有边疆教育服务团。1942年暑期，在昆明市学生救济委员会、西南联大青年团等机构的资助下，西南联大师范学院教育学系学生又发起了一个名为边疆教育服务团的教育研究团体，共十余人。这些学生利用当年的暑假，组织学院各师范生先后奔赴云南省的一些地方，与当地民众教育馆合作开展教育推广活动，旨在调查边疆教育的具体情况及其现状，以备返校后为边疆教育的相关研究提供参考。具体来看，边疆教育服务团的研究工作根据教育服务对象可以划分为两大类：一类为妇女教育组，是以纺织、缝纫等女红科目为主要的教育服务活动；另一类为儿童教育组，以养成边疆儿童的正当娱乐及团体生活习惯为主，并关注边疆儿童休闲教育，同时伴以歌咏、游戏等教育服务活动。与此同时，边疆教育服务团还开展了针对所在乡村小学教员教学技能培训的教员讲习班，分为心理教育、史地及其他社会自然科学等科目，讲习班教师均由边疆教育服务团成员担任。讲习班的每次讲稿均由专人负责整理摘要，并分发给班内受训成员进行阅读，由于组织较为周密，团员开展活动也尽心尽职，因而培训成效颇佳。②

总的来说，以西南联大师范学院教育学系学生自发组织的以生活教育团为代表的暑期边疆服务活动，在立足教育服务本位的同时，强调教育研究与实际训练，提倡成员在教育服务活动中承担多样的教材调查研究任务，并注重教育服务前与服务中的各项准备工作，以及活动前的各项培训。同时，在教育服务过程中，注重对边疆民族地区大众的知识、技能及观念方面的训练，以期达到开通民智、提升生产技能及强化国家意识的目标，在云南边疆地方产生了一定的影响。因此，西南联大师范学院教育学系学生开展的活动一时间成了战时内迁院校培育人才与地方服

---

① 杨立德：《西南联大的教书和育人》，《云南师范大学学报（哲学社会科学版）》，1997年第5期，第71—75页。

② 周简文：《西南联大的边教服务团》，《边疆通讯》，1943年第5期，第12—13页。

务有效结合的榜样。①

第三节　西南联大师范学院教育学系学生地方教育服务的特点

一、提倡教育服务对地方特色的倡导与边疆教育的建设

西南联大师范学院教育学系学生的暑期教育服务，在一定程度上受到了平民教育与实用主义思想的影响，学生们不仅从理论上接受了杜威的"教育即生活"的见解，还在实践中证明了其内在意义。倘若更进一步分析，西南联大师范学院教育学系学生的教育服务实践，注意到了云南地方的现实需要，意图从云南地方特色入手，实现学术理论研究与实践化的双向互动。以生活教育团为代表的各类团体进行的各类地方服务旨在通过鼓励师范学院教育学系学生到云南本地民众、乡村、边疆去，积极开展少数民族与边疆区域的相关调研，从而使学生得以学习、体验、发现教育问题，了解和研究云南当地的自然环境、独特的人文社会。因此，可以说西南联大师范学院教育学系学生的暑期社会服务不仅着眼于相关教育理论的教授，更注重其与云南地方的相互联系，打造了一个既有时间感又有空间感，既有理论感又有现实感，既属于团体又属于云南地方的教育理论探讨园地。②如前所述，随着抗日战争的全面爆发，多所高校内迁客观上也使得西部地区的师范教育事业获得了

---

① 张学强，胡君：《南京国民政府时期大学边疆服务活动的开展及其影响》，《高等教育研究》，2015 年第 5 期，第 86—93 页。

② 廖敏，傅游：《西南联大与政府共同治理中的冲突和调适》，《山东高等教育》，2015 年第 6 期，第69—77 页。

一个千载难逢的发展契机，云南作为西部地区的重要省份，也不例外。此后，由于西南联大师范学院教育学系与地方的合作，云南边疆教育发展得以逐步推进，尤其是西南联大师范学院教育学系的部分教师曾大力响应教育部的号召，于滇西筹设边疆分校以培育边疆建设初级干部。①因此，可以说在各类地方教育服务中，只有坚持一种"在地化—云南化—边疆民族化"的服务路径，同时积极倡导与地方的直接对话，才能完成边疆教育开发的相关使命。

二、师范学习与课程安排延续至教育服务精神的养成

在当时的背景下，国家处于危难之中，面临着经费的支绌与办学资源有限的现实难题，但在"战时须作平时看"的教育方针的指导下，各大高等院校对地方师资培育事业却毫无懈怠，积极承担起地方师资培育、助益地方初等教育发展、开展战地及助农服务等重要使命。尤其是西南联大师范学院以辅导服务地方为宗旨，遵照相关部令主动承担起了为当地教育服务的重要职责。进一步分析，为何当时很多事业处于停顿，但师范教育仍然承担起辅导地方教育的重要责任？很显然，这与西南联大师范学院对师范生教育精神的确立与教育情怀培育的重视程度有着直接关联。1939 年，西南联大师范学院即明确提出了师范学院各系中心活动的宗旨，教育学系则提出本系各项活动的宗旨为兼顾知识与技术，培养健全之师资。教育部提出"大学教育应为研究高深学术，培养能治学治事治人创业之通才与专才之教育"②，可见教育应着重培养学生的学问与领导组织能力。早在 1930 年，曾任职于中央大学教育学系的王秀南教授就指出，师范生之社会服务犹如自然科学之实验般重要，"科学贵于实验而师范生则重在实习；倘师范学校而无实

---

① 汪懋祖：《抗战期间在滇西推进边疆教育工作追记》，《教育通讯（汉口）》，1946 年副刊 2 第 4 期，第 9—13 页。

② 陈顺：《抗战时期的云南教育》，昆明：云南大学出版社，2020 年，第 195 页。

习之实小，则直与科学之纸上谈兵而缺乏实验室者然"①。无论是从学科课程设置方面还是从意识理念方面，西南联大师范学院均强调并延续了此种"服务精神"。西南联大师范学院对学生此类教育服务情怀的养成，则是在课程设置、人才培育模式方面就埋下了伏笔。

如前文所述，高等师范教育不应等同于一般的高等教育，尤其是在人才培养规格、课程设置、修业年限上，因而师范学院不能照搬西南联大其他学院既定的课程与模式，更不能照搬彼时其他国立师范学院的既定课程模式。如前所述，从学制上来看，西南联大师范学院的学制稍长于其他学院，文、法商、理、工各学院的学制均为 4 年，而师范学院则实行 5 年学制，最后一年专门为师范学院学生安排了教育实习。在学分方面，西南联大其他学院的学生修满 136 学分即可毕业，而师范学院学生按照规定必须修满 170 学分方能毕业，其中很大一部分课程是社会实践类的。②在课程方面，西南联大师范学院按照教育部颁布的《师范学院教育学系必修科目表》的规定，将课程类别分为普通基本科目、教育基本科目、分系专门科目、专业训练科目（含分科教材教法研究及教学实习），其教育实习类课程重点安排了如"乡村建设与教育""民权行使及实习""教学实习"等师范生必修课程，还为三、四年级学生开设了"教育视导及调查""生理学"等课程。③恰恰是由于学制的特殊，西南联大师范学院一方面得以重视及提倡师范生基础课程的学习，另一方面又得以注重培养学生的广阔知识面、卓越的综合实践能力，旨在培养既有知识又有教学能力、既有综合素质又有社会服务能力的高水平教师。

以生活教育团为主要代表的团体开展的一系列暑期教育服务活动，均体现出

---

① 王秀南：《师范生实习制度之商榷》，《教育杂志》，1930 年第 2 期，第 53—58 页。

② 云南师范大学校史编写组：《云南师范大学校史稿（1938—1949）》，《云南师范大学学报（哲学社会科学版）》校庆增刊，1988 年，第 60—61 页。

③ 李友芝，李春年，柳传欣等：《中国近现代师范教育史资料（第二册）》，内部资料，1983 年，第 391—392 页。

了西南联大师范学院教育学系学生活泼的特点。参与生活教育团的师范生奉献教育事业的热情高涨，为西南联大师范学院教育学系的地方教育服务注入了活力。西南联大师范学院学生相关社团活动的开展，便于学生学会结成共同体，相互关爱，相互协作，共同成长，此类活动对于西南联大师范学院教育学系学生参与实际的公共生活，锻炼参与公共实践的能力，唤起他们对公共事务的关照，产生了极大的促进作用，同时也有助于促进各参与者教育能力与综合素质的提升。①以卢濬先生为代表的师范人才，是西南联大师范学院育人成效的体现，也是毕业生"反哺"母校的杰出代表。

三、多样化的地方教育服务体现了对教育事业的广泛关注

除了与地方特色相结合、积极与教育理论和实践相结合外，西南联大师范学院教育学系学生开展的各类暑期服务活动也引发了社会层面对教育事业的关注。这些活动不仅从主观上唤醒了社会对地方教育服务的意识，也从客观上促使教育研究走出校园"有形的墙"，构建校园之外属于学生共同的"学校公共生活空间"。值得注意的是，西南联大师范学院教育学系学生的这类暑期服务，既"服务于地方"又非"局限于地方"，发挥了社会层面的教育宣传作用，在当地产生了较大的反响。

为了提倡社会对教育事业的关注，1943 年 11 月 8 日，教育部颁发了《教师节纪念办法》，规定教师节纪念，各级教育行政机关、学校及团体，应分别或联合举行仪式。各级教育行政机关为纪念教师节得举办下列事项：其一，表扬特别有劳绩之优良教师；其二，提倡改善教师待遇；其三，发布奖学金得奖学生之名单。另外，各级学校及教育团体为纪念教师节，讲演孔子及历代师儒之言行或关于教育之学

---

① 刘铁芳：《学校公共生活的开启与公民教育的拓展：基于活动的视角》，《华东师范大学学报（教育科学版）》，2013 年第 2 期，第 1—11 页。

术讲演，举办教师友谊会、学生慰劳教师游艺会、成绩展览会。[①]西南联大师范学院教育学系则借助本校的强大师资力量，开展了推进师范教育的相关活动。为在当地民众间树立恰当的教育观念，云南省教育厅、西南联大师范学院联合向西南联大师范学院教育学系卓有名望、在学术上有一定造诣的学者约稿，在当地各类报刊上刊发了一系列针对师范教育改革相关讨论的文章，并开展了一系列活动，旨在鼓励各师范院校举行教育展览及开展相关教育竞赛，坚定师范学生效忠教育事业的信念，增强社会关注教育事业的意识，广泛宣传教育的重要作用，打破大众狭隘的师范教育观念。

可以说，以西南联大师范学院教育学系生活教育团为代表开展的学生社会组织服务活动，秉承了"精进地方教师之学术、养成教育服务之精神"的宗旨，既体现出了西南联大师范学院教育学系学生积极在当地开展教育服务的风气，也为西南联大师范学院的地方教育服务注入了活力。作为中国高等学府的学子，他们积极运用自身所学服务地方，在某种程度上促进了国家尤其是西部地区教育事业的发展。在当时的历史背景下，这类学生自发组织的教育服务活动对国家教育事业振兴之效尤显珍贵，尤其是对于促进当时中西部地区教育事业的发展，更是一种难能可贵的尝试。

---

① 宋恩荣，章咸：《中华民国教育法规选编》，南京：江苏教育出版社，2005年，第168—169页。

第五章

西南联大师范学院教育学系学人的
在滇教育活动

在云南的数年中，西南联大师范学院教育学系经历了一个由创建到规范、由稚嫩到开放的发展历程。在这一发展历程中，西南联大师范学院教育学系的教师充分融入地方，开展了一系列超越"象牙塔"深墙的教育实践活动，并将学科的兴衰与自身命运紧密地联系在一起，可以说其中的代表性学人不可胜数。限于篇幅，本章特选取西南联大师范学院教育学系教授陈友松与汪懋祖为例进行分析。陈友松曾担任西南联大师范学院教育学系系主任，同时为学生开设了多门课程，教学之余，笔耕不辍，发表了大量教育研究论文，在一定程度上深入地思考了教育的相关问题。汪懋祖亦在西南联大师范学院教育学系长期开设"教育哲学""中国教育史"等课程，广泛深入滇西边陲地区，实践自身关于培育"边疆教育人才"的理想。他们作为西南联大师范学院教育学系的代表学人，是本章重点讨论的个案。

第一节　陈友松在教育学系的教育活动

陈友松早年赴菲律宾留学，后来回国从事教育工作。后来，陈友松迁至昆明，任西南联大师范学院教育学系教授。任职期间，他同许多教授一样，工作和生活条件十分艰苦。据他回忆，当时师范学院没有单独设置教授办公室，教师集中在昆华工业学校的一间大教室看书、备课。陈友松、闻一多和孙毓棠等几位教授各有一张桌子，拼合在一起摆在大教室的中间，助教三五人自由结合，分别占教室的一个角落。这就是当时教师集体工作的场所。①

陈友松在西南联大师范学院教育学系任教期间，出版并发表了一批丰硕成果，如论文《美国青年的动向》《美国高等教育的趋势》《各国基本教育鸟瞰》《世界各国教育普及之比较观》等。在这些研究中，他突破以往比较教育研究的局限，大胆地在教学研究中拓展了研究的范畴，并就一些问题与西南联大师范学院教育学系的学生共同讨论。1944年1月，商务印书馆出版了他的《苏联的教育》一书，此书由点及面论及了苏联教育的社会背景，教育发展略史，教育原理，教育行政，学制系统的发展，教育事业的全貌，学前、小学与中学教育，师资训练，都市教育，教育研究等内容，成为我国介绍苏联教育的先驱者。②陈友松的著述有三大特点：首先，中心突出，为祖国教育事业服务，结合了教育发展的实际需要。大而至于教育事业、教育学的建设全局、学界思潮，小而至于教材教法、教学手段，莫不纳入他的选题范围。其次，涵汇中外、熔铸古今；涉猎广泛，常思大局。最后，他在教学之余关注现代教育潮流，与时俱进，大胆创新研究理念。陈友松在西南联大对教

---

① 钱惠濂：《好景不只黄昏好　明朝更比夕照明——记教育学家陈友松教授》，见方辉盛，何光荣《陈友松教育文集》，北京：社会科学文献出版社，2009年，第655页。

② 方辉盛，何光荣：《陈友松教育文集》，北京：社会科学文献出版社，2009年，第11页。

育学研究的特点，与西南联大师范学院教育学系自由民主、包容开放的教学氛围，以及西南联大倡导的"通才教育"培养模式相得益彰。①

陈友松学识渊博，勤学苦练，兼具博学强记之功，在西南联大师范学院教育学系的教学研究工作中认真勤勉，深受学生的好评。在 1946 年西南联大《除夕副刊》主编的《联大八年》中，西南联大师范学院教育学系学生曾这样回忆陈友松教授："教育行政是陈先生的拿手好戏，兼教比较教育。陈先生向以用功著称于同学间。每天，他的时间总是消磨在图书馆，教育系研究室，美新闻处图书室，英新闻处图书室这些地方。"②另外，据相关史料记载，陈友松在西南联大师范学院教育学系开设的课程，除了"教育行政""比较教育"，还有"西洋教育史""教育哲学""社会教育"等。在西南联大时期，曾一人同时兼开 9 门课程且内容充实，深受学生的欢迎。③具体来看，他在教育学系开设的 9 门课分别为"中等教育"（二年级必修）；"西洋教育史""社会教育""发展心理学""教育行政""教育社会学"（三年级必修）；"教育财政学"（三年级选修）；"比较教育""分科教材教法"（四年级必修）。在教学期间，陈友松备课认真，教学内容丰富，并指导学生大量阅读中外参考书，还经常检查批阅学生的读书笔记，不厌其烦。④在教学方法上，他反对死记硬背、生硬灌输，而是着重对学生的思维进行启发，运用最新的教育理论指导学生学习，在提示、分析、讨论中进行教学，并与西南联大师范学院教育学系学生共同研究学习，使学生学到的知识是实在的、灵动的、深刻的，使学生在学习过程中学得透、理解得深，以便将来在工作中能运用自如、融会贯通。他严格要求学生，使其逐步提高阅读及理解能力，还以自身的经历勉励学生刻苦学习。陈友松曾说："我由一个放牛娃成长为大学教授，主要靠年轻时期刻苦努力，发奋学习。你们要珍惜时间

① 方辉盛，何光荣：《陈友松教育文集》，北京：社会科学文献出版社，2009 年，第 6 页。

② 西南联大《除夕副刊》：《联大八年》，北京：新星出版社，2010 年，第 231 页。

③ 转引自于述胜：《真正的学者（下）——追慕陈友松先生》，《中国教师》，2011 年第 5 期，第 67—68 页。

④ 陈琚理：《我的父亲：记已故教育家陈友松先生》，见方辉盛，何光荣《陈友松教育文集》，北京：社会科学文献出版社，2009 年，第 688—689 页。

多读点书，立志救国，成为国家有用人才。"①曾在西南联大师范学院教育学系担任过陈友松助教的卢濬在《献身师范教育六十年》中回忆了陈友松先生对他的无私帮助："我在联大读书两年，专业知识和外语都进步较大，法语也是作为第二外语而打下基础的。""我一生在国内外读过六所大学，我感受到，使我受益最多的是西南联大。联大师资力量强，大师云集，教师教学认真……联大民主自由风气浓；联大机构精简、工作效率高；清华、北大、南开三校领导和师生团结合作，努力为抗战和战后培养人才。"②

在西南联大师范学院教育学系任教期间，陈友松十分关心学生的成长，乐于提携帮助学生，将一颗育人的拳拳之心全情奉献给学生。在与学生相处的过程中，他总是想方设法为学生解决困难，如给他们提供勤工俭学的机会，介绍他们到图书馆兼职或者将其推荐给自己的友人谋个差事等。卢濬对此亦有深刻感受，他在回忆陈友松教授对自己的帮助时说："当时联大助教待遇低，都得找兼职。当时许多美军在昆明工作，陈先生国外朋友很多，他曾介绍本人到美军任译员……抗战胜利前夕，我很想留学美国，陈先生曾花了很大功夫为我在哥伦比亚大学弄到了一份奖学金。"③

值得注意的是，在强敌入侵、民族存亡关头，陈友松还将电化教育看作战时开启民众教育的重要武器，这都是与他在西南联大师范学院教育学系教学过程中的所思所感相联系的。1940年，昆明广播电台开设"空中学校"专题节目，就是由陈友松倡议和指导的。这一栏目面向广大市民播送教育类广播，受到了听众的好评。昆明广播电台的开播，使他有了实现自己教育思想的又一重要阵地。在他的精心指导之下，广播电台的各类节目都逐步充实起来，内容涉及各科知识、社会生

---

① 陈琚理：《我的父亲：记已故教育家陈友松先生》，见方辉盛，何光荣《陈友松教育文集》，北京：社会科学文献出版社，2009年，第688—689页。

② 卢濬：《献身师范教育六十年》，《云南高教研究》，2000年第3期，第95—98页。

③ 卢濬：《感谢恩师陈友松教授》，见方辉盛，何光荣《陈友松教育文集》，北京：社会科学文献出版社，2009年，第623—624页。

活、家庭婚姻等许多方面，"空中学校"的影响也因此扩大，听众反映甚好。①

在西南联大任教期间，陈友松善于立足云南地方教育现实情况，提出了较多关于提升云南地方师资水平、改进云南地方教育的建议和方策，目的是满足抗战救国的需求，并增强西南联大与云南各类教育的互动，在一定程度上为云南地方教育发展指明了方向。他或是基于自身留学背景，或凭借自身的教学实践和工作经验，或针对当时地方教育的需求，就云南省的教育问题展开了较为深入的探讨，在此基础上提出了独到的观点或见解。他发表的文章以《原子时代的云南》《新时代的教育宗旨》《西南的教育建设问题》《教育机会平等的真谛》《教育与青年苦闷的出路》《师范学院学生的出路》《品格教育之最近趋势》《民生教育与西南建设》等为代表。1940 年 12 月，因昆明频繁遭遇空袭，学校多已转迁，造成失学青年人数激增。为此，陈友松积极与当地机构及西南联大高年级学生合办夜校，以辅助青年学业进步。除此之外，他还积极参加各种教育讲演活动，与当地中小学教师就教育实践问题进行深入讨论。可以说，陈友松先生在西南联大的一切教育实践，对西南联大师范学院教育学系的建设与教育学科的发展甚至是教育服务地方使命的重塑均做出了巨大的贡献。

第二节　汪懋祖与边疆教育

西南联大师范学院教育学系学人除了在日常教学、学术科研与社会服务方面具体实践，也在倡导与地方的直接对话。云南独特的地理位置与地缘特征，为教育学人边疆教育开发理想的实现提供了舞台。1937 年，中央政治学校迁至重庆，为

---

① 陈琚理：《我的父亲：记已故教育家陈友松先生》，见方辉盛，何光荣《陈友松教育文集》，北京：社会科学文献出版社，2009 年，第 689 页。

了提高少数民族的文化水平，为边疆同胞培养师资，中央政治学校教育系主任汪懋祖决定前往云南办学。1938 年，中央政治学校派人前往云南协助汪懋祖筹建中央政治学校大理分校（后改称国立大理师范学校）事宜，学校各科教学教师和校务人员共 20 余人，多为汪懋祖以前的学生和逃难到云南的爱国青年，他们都具有丰富的学识。当地没有建筑工程师，汪懋祖和几位教师就自己改造破庙、修建教室、制作师生上课和办公用的桌椅板凳等，每件事都亲自参与。至此，汪懋祖的边疆教育思想开始生根，惠泽云南的边疆教育事业由此展开。1942 年底，汪懋祖卸任大理师范学校校长职务，到西南联大师范学院执教。在西南联大师范学院教育学系任教期间，汪懋祖为教育学系学生开设了"教育哲学""中国教育史""教育行政研究"等课程。由于汪懋祖在教育界服务有年、老成硕望、夙著贤声，在办理边疆教育方面贡献尤多，1942 年教育部任命汪懋祖为国立边疆学校校长。这些实践无不凸显了教育学人与边疆教育实践互动的特色。[①]

一、从"蒙藏教育"到"边疆教育"的根本性转变

在当时的背景之下，中国边疆危机的加深和民族问题的日益凸显，使得中国的边疆形势尤为严峻，出现了"内忧外患"之局面，越来越多的国人开始关注国家的边疆安危。国民政府为巩固其统治，开始注重发展边疆教育，把边疆教育提上了议事日程。彼时所指的边疆地区先以蒙古族和藏族人聚居的地方为主，其后教育部又重新厘定，将"边疆教育"的范围延伸至云南等地区，即语言文字、宗教信仰和生活习惯与内地有所不同的地区，也就是少数民族聚居的地区。云南省地处我国的西南边陲，与缅甸、老挝、越南毗邻，具有重要的国防战略地位。同时，云南是一个少数民族聚居省份，民族复杂，边地交通阻隔，气候较恶劣，经济发展滞后，民众

---

① 杨永昌：《从中央政治学校大理分院到国立大理师范》，《民族工作》，1998 年第 7 期，第 39—40 页；张雨秀，张睦楚：《汪懋祖先生边疆教育实践及其思想——以中政校大理分校、国立丽江师范学校为中心之探讨》，《学术探索》，2021 年第 6 期，第 132—141 页。

受教育程度偏低。因此，发展云南的边疆教育显得尤为迫切。

从时段上来看，国民政府从成立初期就以"蒙藏教育"为开端逐步关注边疆教育，其边疆教育的概念是在 1937 年以前提出的，而边疆教育政策的全面推行是在抗日战争爆发后。国民政府为辽阔的边疆地区制定的特殊教育政策，初期即呈现出"边疆教育的想法"，但并未明确地从政策层面提出"边疆教育"，而是以"蒙藏教育"来概括少数民族教育的全部内容，但实际上这样的界定并不能覆盖所有边疆地区。在颁布了《推广边疆教育实施办法》以后，边疆教育的对象扩大到了其他地区，包括云南、贵州、湘西等。边疆教育是针对内地普通教育而提出的，面向边疆地区全体民众的教育，既包括对少数民族实施的教育，也包括对居住于少数民族地区的汉族实施的教育。其目标在于实现边疆与内地文化的融合，其内涵包括中华民族共同体意识教育、多元一体文化教育、边疆民族教育、边疆师范教育及生产教育等层面。从战时的大背景来看，从"蒙藏教育"到"边疆教育"政策的转变，从根本上促进了当时边疆教育的发展。

当时，国民政府非常重视边疆开发，但边疆开发如何实施，各界人士从政治、经济、军事、交通、教育等多个角度提出了不同的建议。其中，部分有识之士认识到，发展边疆教育是其中不可或缺的重要一环。如梁瓯第认为，"要开发边疆……经边政策，是不足为法的。作为治边方略之一环的军事，政治，经济，必须和教育联系起来，同时并进，兼容并包，才能收事功之效。我人深信：1. 要巩固民族间的感情；2. 要培养边民的自治能力；3. 要提高边民的自觉认识；4. 要改良边民的物质生活。其先决的预行工作，均非有赖于教育不可。至开发边疆的资源，贡献边疆的人力，更非通过教育的力量，无从下手"[①]。尤其是 1937 年后，开发边疆的呼声也因国难的严重日益增强。刘曼卿也曾明确指出，边疆真正的开发、真正的繁荣，文化上的开发实际上是最为关键的。因为通过实施教育来开发边疆，可以收到事半功倍的成效，否则新智识无由输入，虽说开发，也是徒劳无功。[②]

---

① 梁瓯第：《边疆教育导论》，《贵州教育》，1942 年第 7—9 期，第 3—29 页。

② 刘曼卿：《边疆教育》，上海：商务印书馆，1937 年，第 6 页。

为了全面推进边疆教育，国民政府随后陆续颁布了一系列法令，对课程、组织、设备、教材等做出详细规定，并且将边疆地区划分为多个边疆师范学区，每区计划设置边地师范学校 1 所。1939 年，第三次全国教育会议制定了《推进边疆教育方案》，首先明确了边疆教育的方针——"融合大中华民族各部分之文化，并促进其发展"。此外，《推进边疆教育方案》对于培养边疆教育师资、编译边疆教育用书、推进边疆学校教育及研究边疆劝学制度等做出了具体规定。

云南地处边疆，囿于地理、历史、经济等客观因素，其教育水平长期处于滞后状态。然而，教育乃立国之本，边疆为国家之门户，云南边疆教育之开发与边疆文化之普及，为国之先务。早在 20 世纪 30 年代，自教育部增设蒙藏教育司以管理蒙藏教育等事务后，云南省教育厅也开始考虑增设"边疆教育科"，同时增设普及边疆教育工作人员培训学校及民众学校、民众教育馆、民众阅报处及通俗讲演所。为了体现对边疆教育的重视，云南省政府曾于 1931 年 4 月颁布了《云南省政府实施边地教育办法纲要》。该政策体现了云南省政府与云南省教育厅决心开始从顶层设计入手，发展边疆教育。随着抗战时期各大高校内迁及各类学人与当地的互动，云南的教育水平也得到了一定的提升。此后，由于西南联大师范学院与地方的合作，云南省的边疆教育发展得以逐步推进。西南联大师范学院教育学系教师汪懋祖就曾于滇西筹设边疆学校，以培育边疆建设初级干部，并拟筹设数所国立边疆学校。以上种种在一定程度上体现了边疆教育的重要性。[①]

二、汪懋祖与滇西教育考察

接到发展云南边疆教育的使命后，汪懋祖奉命到云南筹建中央政治学校大理分校，并对云南边疆各个地区进行了实地考察。作为中央政治学校大理分校筹备主任，他在考察之余还进行了相关教育演讲。在考察中，汪懋祖等对云南一些地区的

---

① 汪懋祖：《抗战期间在滇西推进边疆教育工作追记》，《教育通讯（汉口）》，1946 年复刊 2 第 4 期，第 9—13 页。

民族风俗、学校设施、教育概况、教师水平、教师薪酬、交通状况、生活状况等进行了全方位调研。考察结果显示,1938年以前的大理各地区少数民族众多,基本通行少数民族语言,民风淳朴。学校基础设施普遍简陋,图书缺乏,教学用具缺乏。各级各类教育方面,则为初等教育呈现出乡村儿童失学尚多;中等教育较之初等教育,情况虽然稍好,但教学质量不高,教师不易聘请,理化学科往往缺席。总体而言,教育发展滞后,具体如下:第一,师资缺乏;第二,各县立中学有名无实,多数中学毕业生不升学,而是充当小学教师;第三,现行课程不能适应地方需要;第四,仪器、图书等设备缺乏。[①]基于此次考察,汪懋祖为滇边教育建言献策,提出了完善、适切的发展建议。

首先,他主张增加边疆地区教育局长的权力及整理教育经费。他在调研中发现,各县教育局长的权力薄弱,只能顾及县城教育,不足以控制各乡镇的教育。各乡镇小学校长多由乡镇自聘,目的是简化考核及聘任程序,但此种情况显然导致了乡镇学校教育成为一种地方性教育,使得地方法令及工作标准不能按步推行,国家教育计划无从实施。他根据多年研究教育的经验,指出云南边疆的地方教育经费大多由地方筹集,所以教育局难以集中统一支配,加之地方区域观念难以破除,最终就会导致各乡镇学校校长各行其是,各乡镇学校任意发展,这就造成了边疆地区教育经费不到位、入不敷出的现实。基于此现实,他提出边疆地区各校应广泛筹集经费,选用教师。具体条件改善的实现路径,主要有以下几条:第一,增加教师薪资,使其尽心教学;第二,全国各县经费应归教育局集中支配,便于集中管理,其各乡自筹款项可自行支配,同时应由县推举公正人士,由教育局加聘,成立教育款产整理委员会,如有公共款产,则以一区为单位,统一整理,在经费拨发过程中杜绝由部分人把持。

其次,他建议应尽快通过师资训练提升教师的素养。欲兴边疆教育,必先强师。师范学校的师资是大问题,发展边疆教育事业与提高边疆师资的水平密不可

---

① 汪懋祖:《滇西教育考察谈》,《教与学》,1938年第10期,第49—51页。

分。长期以来，教育界讨论的缺点往往是"喜高瞻而不肯俯视；好谈西洋教育之趋势，而不肯体认自国农村之状况，故设施方案，每多错误"①，缺乏了解边疆农村实际情况的学生，是边疆农村教育水平提升的一大限制，因而师范学校在教育过程中应尽快提升学生的实际服务能力。

通过这次滇西考察，汪懋祖认为，当时的云南偏远乡村的很多教师都是城市大学毕业生，不熟悉农村生活，在实地教学中为乡村儿童选择的教材大多也不适合农村发展的需要，这种情况不仅是云南农村教育的写照，更是全国乡村教育的实际，此种现状应立即修正。对此，他提出了具体的师资培养方案，如由云南省教育厅组织师资培训，并提倡各县组织读书会，抽调训练现任教师，组成师范区学校办理，同时对教师的教学技能、教学方法、教学理念等不断进行革新与完善，指出在实际教学过程中应兼顾学术性的理论学习与实践性的教学训练，培养适应边疆发展的教育家型教师。②

另外，他主张小学与县立中学应该进行统制。由于云南一些地区交通不便，即使一区设一教委，视察也难以周全。为此，有人认为采用"中心小学制"最为适用。各县宜划定中心小学区，以中心小学辅导五校乃至十校，一边办小学，一边施行民众教育。同时，选任贤才派充中心小学校长，即代掌教委之职权，区内以中心小学为示范及观察之职责，可以起到示范和榜样的作用。③

自 1922 年新学制颁布后，初级中学以县立为原则，于是各省各地之高等小学均改设初中，至少一县一校，云南也不例外。多年来，各县中学经费不足、师资缺乏且教学设备很少，教师待遇很低；初中毕业生出路最为困狭，升学极少，谋生无能，大都以小学教师为最大选择。在经费方面，由于一县小学的基础未立，反而移动其经费办初中，又使得初中办学质量低下。汪懋祖根据考察后的所思所感，提出云南边疆县立中学办学首先应避免盲目扩张，应重质量而非数量，要解决当时的困

①　汪懋祖：《滇西教育考察谈》，《教与学》，1938 年第 10 期，第 49—51 页。

②　马廷中：《民国时期云南民族教育史研究》，北京：民族出版社，2007 年，第 250—251 页。

③　贺益文：《苍山洱海间的国立大理师范》，《学生之友》，1943 年第 3 期，第 26—28 页。

境，应立刻补充职业教育，学制不必圈定为 3 年，1 年或者 2 年即可，凡是能习得某种职业技能均可以算作合格。同时，他也关注到了边疆职业教育，指出职业教育也亟须改革。当时的职业教育遵循的仍是农业社会的旧习，学习职业仍传承徒弟制，创造及开发事业极少，导致所开办的职业学校于社会、个人的效力微乎其微，职业学校毕业的学生也和县立中学毕业的学生一样，依旧出路狭窄。因此，一方面宜统制工商业招收学徒，另一方面宜设民众习艺工场，应提倡在工场中学习各种工艺技能。[①]

滇西教育考察资料显示，边地乡民质朴忠实，但是某些乡镇迷信流行，当以教育之力逐渐化除，如有妨害风化及伤财物者，自宜禁止，并且需要调查研究，加以合理改造。[②]汪懋祖认为，在研究乡村民俗文化时，应该充分发掘、利用民众的力量，如庙宇房屋上的壁画多由当地边民所作，此等工匠宜加训练，使得民间书画技艺得以发展。另外，各学校使用的教材，除了关于培养民族观念、道德精神应与全国一致外，其他须适应儿童经验与现状需要，因地取材。在云南边地存在自然环境的明显差异，因此应该划分东、西、南三区，于师范学校中设置教材研究会，以便各地教材的改订和补充，否则有的边地教材与生活经验相差甚远，有的又与本地一致，易出现不统一的情况，所以根据各地不同的需要制定切合实际的教材，是发展边疆教育的一项重要任务。

按照汪懋祖的解释，边疆教育计划首先应确定边疆教育之界说，其含义有三：在地理上与外国边疆接近、在政治上与内地不同、在文化上与内地不同。为便于边疆研究顺利开展及培养边疆中级以上人才干部，同时负责区内教育行政及指导之责，应将全国边疆地区分为数区，每个分区设立边区学院一所。1939 年 3 月，汪懋祖即拟定了《设立边疆师范学院培养边区教育人才案》，主张推进边疆教育，加大力度进行边疆地区基本干部人才培育，拟请教育部于西北及西南边疆地区各设

---

① 教育部边疆教育司：《边疆教育概况》，南京：正中书局，1947 年，第 44—47 页。

② 汪懋祖：《抗战期间在滇西推进边疆教育工作追记》，《教育通讯（汉口）》，1947 年复刊 2 第 4 期，第 9—13 页。

师范学校二所，以为推进教育之本，除同一训练外，应具有地方性（方言、医药卫生、生产知能三者尤为重要），以适应地方之需要。[①]

三、汪懋祖与国立大理师范学校

汪懋祖于 1938 年赴云南大理，创建中央政治学校大理分校，后改为国立大理师范学校，先后主持校务四年。[②]该校创建初期尤为困难，经费缺乏，人力资源不足，又逢特殊时期。但在汪懋祖的不懈努力下，克服了种种困难，学校得以完善，并且小有规模，设施基本趋于完备。

国立大理师范学校以边疆地区的学生和居民为主体，通过丰富的边疆教育手段，将意识形态的统整开化和实用主义的技能教学相结合，逐步提升边疆地区学生的综合素质，以边疆地区学生为中介向其他民众推行边疆教育，全面实现边疆教育启发民智，促进边疆各项事业的发展。

汪懋祖早期在苏州中学担任校长时提出的"教育源于生活，又要改变生活"的观点，在国立大理师范学校的教育实践中得到了贯彻。他注重学用结合，强调让学生体验生活，不仅重视知识的传授，还强调要培养学生的优良品格。同时，由于边疆民族教育有自身的特殊性，他还强调要注重培养学生的团结精神和爱国精神，使学生在学校环境的熏陶下能够体会祖国的全局利益大于地方利益，只有全国各族人民团结起来才能有力地抵抗日本帝国主义的入侵。为了增进各民族之间的感情，他还主张学校要举办一些联谊活动。大理每年三月都会举行大规模的"三月街"集市，各地的群众都来赶集。他倡议国立大理师范学校的师生到集市上慰问各族客人，并邀请他们到学校参加联欢大会。会上，汪懋祖致以热情洋溢的欢迎词，各族青年学生表演歌舞、音乐、短剧、相声等节目，会场上气氛和谐，各民族的感情自

---

① 李友芝，李春年，柳传欣等：《中国近现代师范教育史资料（第二册）》，内部资料，1983 年，第683 页。

② 杨永昌：《从中央政治学校大理分院到国立大理师范》，《民族工作》，1998 年第 7 期，第 39—40 页。

然地融合在了一起。①

汪懋祖极为重视师生对师范教育的信仰，他主张全校应开展与师范教育相关的运动。在他的主持下，国立大理师范学校每年都会举办"师范教育运动周"活动。一方面，颁发成绩优良师范生奖学金，印行相关刊物，勉励学生立志终身从事教育工作，举行师范教育座谈会，对边疆地区的民众进行访问，并对边疆教育进行宣传。另一方面，在活动期间举行师范生献身教育宣誓典礼，制贴宣传手册和标语。学校还利用假期指导学生办理"小学补习班"，招收小学毕业生，以及粗略认识文字及不识文字的民众。②

四、汪懋祖边疆教育理念的特点

（一）大力提倡生产教育，以期服务边疆发展

彼时的国立大理师范学校环境宜人，风景优美，但是生产能力却异常贫瘠，云南边疆地区居民的生活水准与生产技能亟待提高。汪懋祖指出，各县应当兴办生产事业，大力推广改良地方生产事业，主要手段就是实施生产教育。③因此，其在国立大理师范学校特设生活技能班，以农工教育改进边疆地区民众的生活方式，以增进生产知识为主旨，故此学校肩负着实地教学和增进地方事业两方面的使命。大力提倡生产教育的办学理念，是与他早期在创办苏州中学时倡导的理念一脉相承的。他在主持苏州中学时就提出了"教育源于生活，又要改变生活"的观点，他将这一思想贯彻到国立大理师范学校的教育实践中，主张全部中等教育都有力求生产化的必要，即在初中简易师范各班注重生产劳作训练，使得学生养成劳动的习惯、服务及谋生的能力，以弥补以往中等教育不切实际的弊端。另外，学校规定凡新生入

---

① 章育才：《民族教育的开拓者——纪念汪懋祖先生诞辰一百周年》，《云南教育》，1992 年第 3 期，第 7—8 页。

② 国立大理师范学校：《师范教育运动专刊》，大理：国立大理师范学校编辑发行，1941 年，第 8 页。

③ 汪懋祖：《中央政治学校大理分校生产教育实施方案》，《教与学》，1939 年第 5 期，第 34—37 页。

学要先进行半个月的体力劳动，经审核合格后才算正式学生。平时学生都有劳动生产活动，如校本部建有工厂和农场，设有管理员专门负责管理。通过利用学生劳作时间工作和雇佣农工四人相结合的模式，其农田生产颇具规模；学校的畜牧产业也小有成就，可以给学校师生供给营养。此外，学校还建立了造纸厂，其产量完全能够满足本校师生使用。

（二）重视师范教育，以为边疆地区培养师资

教育为国之根本，师资为教育渊源。云南地处西南边陲，当时教育水平不高，各项地方事业也难以发展，要想促进地方发展，当以发展地方教育为突破口。其中，充实师资是一条必经之路。因此，国立大理师范学校成立之后，特别重视师范教育。国立大理师范学校自建立伊始，教育的目的就在于培养为边疆地区服务的基本人才，发扬民族精神，促进边疆地区文化的发展，改善边疆地区民众的生活，以服务地方教育事业为重要使命，通过对学生进行因地制宜的师范教育培养，着实为当时的中小学校提供了大量师资。当时，学校建在大理，面向整个滇西招生，每年招收的有不少是来自边疆地区各县的少数民族学生，为西南边疆各地区培养了一批合格的中小学师资。汪懋祖对边疆地区的少数民族学生非常关心，曾保送某藏族学生到重庆边疆育才专科学校深造，以培养边疆民族人才。多年来，国立大理师范学校为边疆民族地区培养了不少师资和其他方面的人才，他们中有的投身于革命洪流之中，后来在各级党政机关和文化部门担任领导职务，大多数毕生从事的是教育事业。

（三）重视民众教育，以开化边疆地区民众

当时的云南地区，一些民众存在民族意识薄弱、身份认同模糊等问题。因此，对于边疆民族教育，应重点注意培养民众的民族团结和爱国精神。汪懋祖认为，边疆地区的民众教育内涵应包括中华民族共同体意识教育、多元一体文化教育、生产

生活技能教育等，利用民众赶集、民俗聚会随街施教，并通过演讲、话剧、制贴标语等引起普通民众的注意，激发其抗战情怀，灌输生活常识，以提高个体的基本生活智识与技能，从而推广边疆教育。①

1941—1942 年，汪懋祖曾赴丽江考察丽江的风土人情与教育，并参与国立丽江师范学校的筹设。他以实际考察所得为国立丽江师范学校拟定发展计划，呈报教育部并获准。在国立丽江师范学校，他一方面着手拟定计划书，另一方面积极选定校长。首先，所拟计划书详细陈述了兴办原因、办校原则及初步计划。汪懋祖指出，丽江本地少数民族较多，语言差异大，交通不便，边胞间感情不能融洽，风气不能交流，彼此间存在隔阂与不团结。因此，国立丽江师范学校办学应该遵循团结民族、发展民众知能、改善生活、协同建设、培养自治的根本原则。同时，学校的初步发展计划应注重以下七个方面：划分学区、招生与年级统编、教学与训导、生产教育、附属小学、调查研究、推广教育。②可以说，这份计划书不仅考虑了丽江当地的实际情况，同时也吸收了国立大理师范学校办学的有益经验，为国立丽江师范学校的发展指明了方向。

汪懋祖还为国立丽江师范学校举荐校长。汪懋祖在为国立丽江师范学校拟定的发展计划中明确指出，丽江师范学校应该选择有志于边疆教育人才办理，并举荐宗亮东担任国立丽江师范学校首任校长。宗亮东曾作为教育部西南边疆教育考察团教育团员③，对西南地区边疆教育进行了较为详细的考察，他曾深入大理、丽江等地区，对边疆地区的风土人情和教育概况有着清晰的认识。宗亮东对教育充满热爱，了解边疆教育，且有着丰富的边疆教育经验，实为校长的不二人选。汪懋祖举贤不避亲，举荐宗为国立丽江师范学校校长，为该校发展奠定了坚实的基础。

---

① 章育才：《民族教育的开拓者——纪念汪懋祖先生诞辰一百周年》，《云南教育》，1992 年第 3 期，第 7—8 页。

② 汪懋祖：《抗战期间在滇西推进边疆教育工作追记》，《教育通讯（汉口）》，1946 年复刊 2 第 4 期，第 9—13 页。

③ 张雨秀，张睦楚：《汪懋祖先生边疆教育实践及其思想——以中政校大理分校、国立丽江师范学校为中心之探讨》，《学术探索》，2021 年第 6 期，第 132—141 页。

　　汪懋祖既作为西南联大师范学院教育学系的教师，同时又肩负使命前往云南边疆地区筹设师范学校，为边疆教育发展种下了一支新苗，携诸同人在西南边疆地区不断努力，克服种种困难，最终实现了发展边疆教育的使命，使云南边疆的荒烟寂寞之乡变为了春风弦歌、书声满堂之地。[①]谁也不能否认，以陈友松、汪懋祖这类学人为代表进行的种种教育探索无疑具有使命意识，激发了自身对战时教育中国"知识空间"建设的无限追求，真正践行了西南联大师范学院教育学系教育学人对教育"纯粹精神"的真正追求，实现了精神与目的的统一。

---

　　① 汪懋祖：《抗战期间在滇西推进边疆教育工作追记》，《教育通讯（汉口）》，1946 年复刊 2 第 4 期，第 9—13 页。

第六章

西南联大复员北返后的教育学系

　　抗日战争胜利后，教育部根据会议决议，并参照各地实际情况，拟定了国立高等师范学校复员办法，并依据这一办法对抗日战争期间建立的国立师范学校进行复员。鉴于国立师范学院在战时对所在省份的文化、教育事业发展起到的巨大促进作用，教育部对师范学院的教育复员进行了全面、具体的规划，调整教育布局，力求均衡分布，对彼时内迁各校成立的各国立师范学院的留迁做了规定。其中，规定西南联大师范学院留在云南昆明，增设为国立昆明师范学院。这样既恢复了战前发达地区的高等师范教育，也保留了战时西北、西南地区逐渐发展起来的高等师范教育。整体而言，为全国高等师范教育的统筹发展奠定了基础，在一定程度上改变了之前全国师范院校分布不均、发展不平衡的状况。①

---

① 曾煜：《中国教师教育史》，北京：商务印书馆，2016年，第240—257页。

第一节   西南联大复员北返

福柯曾经提出了"空间"这一概念。作为开放的空间及一个理想自由的交流环境，空间归根到底是一个知识、在地化相互交织的过程，是作为"生命历程"的历史，是一种实践与空间、历史与未来的交融状态。这一概念可以使我们对西南联大复员北返空间的生成进行一种全新的阐释。抗日战争胜利后，三校各自设立的迁校委员会积极开展准备复校的工作。1945 年 8 月，西南联大常委会通过了设置三大学校迁校委员会的决议，聘请郑天挺、黄钰生、查良钊、施嘉炀、陈岱孙为该委员会委员，并请郑天挺为该委员会主席。委员会一经成立，即从方方面面着手准备复员北返事宜，多次派出教授视察北返路线。

1946 年 2 月 25 日，《大公报（天津版）》刊发了西南联大即将复校的一则信息，也对西南联大北返进行了具体规划：

西南联大校务委员梅贻琦谈复校事，谓清华北大南开三校师生共四千余人，将采取一致行动。联大课业将提早于雨季以前之五月初结束，预定五月底全部离昆。惟师范学院永留昆明，名称待定。清华将来最困难者为家具与仪器，图书损失尤难恢复。现可在北平寻得之图书，仅及战前半数，富有价值之书籍多已遗失。又联大复校，北上路线有二，一经滇越铁路至海防……滇越路现尚有百余公里未修复，须步行。其二，经湘转汉北上。前者可能性较大。梅氏在渝参加教部学校复员会议后将赴美。①

返校是一项需要"从长计议"的工程，必须有充分的准备才可动身。西南联大迁校委员会同时指出，远途迁校是一项艰苦的工作，不仅需要为几千名师生选择恰当的交通方式，也需要考虑到图书仪器的运输、交通工具等问题，同时又需要对北

---

① 《梅贻琦谈清华等复校   预定五月底离昆北上   三校师生四千余人一致行动》，《大公报（天津版）》，1946 年 2 月 25 日，第 3 版。

方校舍的建设与修缮有所估计,甚至涉及西南联大相关校产的分配处置,以及学生各自归属院校的问题。可以说,以上任何一个问题都需要认真商讨,马虎不得。由于彼时全体师生及眷属几千人,公私物品较多,自西南边陲之昆明迁移到辽远之平、津,水陆空交通工具均甚缺乏,由于需要考虑的事务纷繁复杂,返校的具体时间也悬而未定,西南联大迁校委员会对何时走、怎样走、往哪儿走等一系列问题都未能有完全的解答。与此同时,在这样一个即将北上迁校的特殊阶段,部分人士提议为了管理的方便,西南联大在校的学生需要留在昆明毕业,必要时得以留在昆明等待下学期开学,直到复校后的各校再从北方新招一批当地应考的学生,才做北归考虑。加之交通工具难寻,难以及时返平、津,因此西南联大复员北返至平、津的计划一时间被搁浅①,这一消息给归心似箭的学生泼了一盆凉水。

与西南联大迁校委员会较为谨慎的态度相比,西南联大的学生返校之心则异常坚定,即便客观上存在北归的困难。西南联大学生甚至开始自发组织填写三校各自分发志愿书,已然做好了回平、津开学的一切准备。由于被战争胜利的消息所鼓舞,西南联大学生即将北上成行的消息也激荡在西南联大师范学院学生群体中,即使是预备留昆的师范学院的学生也是激动不已,决定跟随北上。师范学院中外省籍的学生自不必说,云南籍的学生也纷纷要求跟随三校北上续读,主要原因或许是慕三校之名,有良师可跟随深造,仰北方治学圣地之望,加之在其他国立师范学院也已有前例在先,因此西南联大师范学院在校就读的几乎所有本科生均愿意跟随三校赴北方续读。②

学生们归心似箭,坚持尽早返校。1946 年 4 月 10 日,学生自治委员会就立刻上书学校常务委员会,召开全体学生代表会议,并向全校学生公布与学校交涉的细则。

① 黄裳:《怀昆明——读"吾爱吾师,吾尤爱真理"》,《周报(上海 1945)》,1946 年第 48 期,第 16—19 页。

② 云南师范大学校史编写组:《云南师范大学校史稿(1938—1949)》,《云南师范大学学报(哲学社会科学版)》校庆增刊,1988 年,第 146 页。

此后，迁校的客观条件逐渐具备，由于公路总局划拨汽车 240 辆，教育部也拨发了迁移费，加之学校在下学期开学问题上做了让步，将开学日期提前至该年度 6 月 3 日。考虑到倘若迁校过迟，可能会延误师生开学，校常委会遂决定展期迁校，并安排最后一批西南联大师生于 7 月 16 日离校，于是西南联大开始安排北返复员事宜。①

1946 年 5 月 4 日，西南联大在北返之前举行正式离滇告别典礼。这一天，恰好是西南联大成立纪念日，不得不说这是一种历史巧合，或许也是一种精神的传承与时空的呼应。当天，昆明天气阴沉、绵雨纷纷，为了向这片土地做一个正式的告别，学校特地在图书馆前举行了庄重而略带伤感的毕业典礼。典礼由西南联大常委梅贻琦先生主持，代表常委会宣布西南联大教学活动结束，并宣告西南联大正式完成了光荣的历史使命。②早前，梅贻琦曾建议三校临走之前总要留下一个纪念品，于是立了一个完全合乎传统形式的纪念碑，纪念碑也于告别当日揭幕，并由冯友兰朗诵纪念碑碑文，之后全体师生到新校舍后为纪念碑揭幕。③当天，第一批复员学生共有百余人，当日即离昆北上。④

这一特殊的时刻在西南联大学子心中是无法遗忘的，稍许有些仓促，又迟疑不得片刻。胡邦定就曾在《从昆明到北平——1946 年西南联大复员北上纪行》中回忆第一批学生北上行前，由于时间紧促，工作人员只能在路边给每一名西南联大学生拍了一张一寸照片，贴在乘车证上，由于照得十分仓促，加之旅程时间紧迫，"几乎人人都蓬首垢面，活脱脱像个被通缉的小偷"。⑤

---

① 云南师范大学校史编写组：《云南师范大学校史稿（1938—1949）》，《云南师范大学学报（哲学社会科学版）》校庆增刊，1988 年，第 146 页。

② 储朝晖：《叶企孙与西南联大新探》，《河北师范大学学报（教育科学版）》，2016 年第 2 期，第 18—25 页。

③ 冯友兰：《三松堂自序》，郑州：河南人民出版社，1984 年，第 302 页。

④ 西南联合大学北京校友会：《国立西南联合大学校史——一九三七至一九四六年的北大、清华、南开》，北京：北京大学出版社，2006 年，第 428 页。

⑤ 胡邦定：《从昆明到北平——1946 年西南联大复员北上纪行》，《中共党史资料》，2009 年第 3 期，第 85—88 页。

　　诚然，西南联大对云南是有特殊依恋的，当复员北返确定之时，除了"收拾起山河"的壮志豪情在校园内升腾之外，一种临别依依之情也逐渐蔓延开来。北归的号角已经吹响，每个西南联大师生的思想也随之要经过一个转变，以便做好思想与心理层面的建设工作。早在 1945 年，西南联大就举行了最后一届校庆。师生们回望八年联大时光，回望即将要告别的校园，一种既辛酸又兴奋的情愫逐渐升腾，值此之际，师生提出：应该以什么方式来纪念这个校园？纪念这座城市？经过讨论，师生们认为不要把过去作为一个累赘，应该把握现在、展望将来。[①]在即将告别的时候，最好的纪念方式不是"凄凄切切、惨惨戚戚"，而是应该把八年的校园精神带回北京大学、清华大学、南开大学，带到每一所中国的大学，让西南联大精神永续。

　　总的来说，西南联大师生在心中期待着回归北国故里，在心理上自然接受了西南联大复员北返的现实，当然也要对故去的校园做一个彻底告别。对于西南联大师生而言，这种告别并非默不作声的。与其说这种告别形式是在心中以默然的情绪表达的，不如说是以一种外显的形式表达的，是一种充满着历史画面感的告别。在西南联大宣布结束办学暨毕业典礼的当天，各系师生对这次毕业典礼的心理感受异常复杂，一方面，受复员北返的激励，每个人都显得异常兴奋，以至于每个人脸上都洋溢着一种异常兴奋和喜悦之情；另一方面，大家都明白这次对西南联大的告别意味着什么。在毕业典礼之后，由各系各自组织告别西南联大的相关活动，中文系的告别联大集会由罗庸先生主持。罗庸先生致辞后，冯友兰、朱自清、闻一多、王力、游国恩、浦江清等几位老师都先后登上讲台表达了对西南联大的留恋，回顾了三校如何在战火纷飞的岁月中风雨同舟、齐心协力将西南联大建成蜚声全国的大学，演讲在一种既复杂又特别的氛围中结束了。在校歌的合唱中，师生们唱得特别带劲，谁也不管是否走调，虽然唱得很不整齐，但都唱得荡气回肠。情境如此动人，有的学生眼中满含泪花，有的学生甚至激动得哭了出来，但又说不清泪水究竟是喜

---

① 吴纪：《八年来的联大》，《民主周刊（昆明）》，1945 年第 14 期，第 12—15 页。

悦居多，抑或是留恋不舍更甚。[①]1946 年 6 月，教育部发布训令，自该年度 8 月起，西南联大师范学院在昆明独立设置，改称"国立昆明师范学院"[②]，历史上的西南联大时光及西南联大师范学院教育学系的时光就此定格。

第二节　国立昆明师范学院的设置

国民政府在高等教育的复员方面主要有两项工作：其一，接收与处理敌伪区所设专科以上学校；其二，复员与修建后方专科以上学校。针对这两项工作，教育部采取了如下措施：首先，对有政治性的敌伪学校予以封闭或接收，并依其性质改为国立、省立与私立，同时开展针对师生的甄审；其次，对后方专科以上学校的复员，教育部选择设置地点，力求做到合理分配，同时拨发大量经费，作为学校修建校舍、添购设备及员工眷属学生等复员之用。

1946 年，教育部决定将西南联大师范学院独立设置，改称"国立昆明师范学院"。

所有联大师院校舍、校具、图书仪器及其他校产文卷，均拨交该院接收使用。原有教职员、学生亦由该院全数接收继续办理。又该院系科设置，兹系已由部核定设国文学系、英语学系、史地学系、数学系、理化学系、教育学系、博物学系、体育学系，并附属中学云。[③]

---

①　吴宏聪：《向母校告别——记西南联大中文系全体师生最后一次集会》，https://www.tsinghua.org.cn/info/1954/13772.htm。

②　云南师范大学校史编写组：《云南师范大学校史稿（1938—1949）》，《云南师范大学学报（哲学社会科学版）》校庆增刊，1988 年，第 143 页。

③　云南师范大学档案馆：《珍档撷英——云南师范大学校史资料选编》，昆明：云南大学出版社，2014 年，第 221 页。

为培植西南各省中等教育师资，亦为了酬答云南各界人士对西南联大的厚遇，使师范学院能够保持西南联大的学术传统并承担其新的文化使命，西南联大常委会决定将西南联大师范学院留在昆明独立设置，后改称国立昆明师范学院。同时，提出师范学院独立设置必须顾及以下各点：其一，继承西南联大三校重视学术价值与兼容并包的精神，以造成笃实渊博之学风。其二，教学范围应注意国立性质，延聘国内学者培养中等学校优良师资，研究西南教育问题，适应实际需要，经费预算及开办费必须依照需要规定，力求避免地方化。其三，促进中央与地方的联系。中央此次为照顾西南师资需要与教学研究，故有将西南联大师范学院独立设置之议，云南全省人士对政府设立师范学院期望殷切，欲完成此项任务，应从大处、远处着眼。[①]其四，应重视校际合作，促成文化交流，以期开通风气而扩眼界，与三校商定在一定限期内教授交换讲学及学生借读实习方法，其交通费设法另行筹集。其五，因材施教与因地制宜，课程实施酌予实验机会，以适应西南地区教育师资之需要，重视师范生服务志愿，重质不重量，认真训练，宁缺毋滥。[②]

与此同时，聘请罗庸、谭锡畴、杨武之、胡毅、蔡维藩、倪中方等知名教授留下担任行政和教学职务，其中原西南联大师范学院教育学系教师则有胡毅、倪中方等。在校产方面，西南联大师范学院所有校舍、校具、图书、仪器及其他校产文卷，均交该院接收使用，原有教职员、学生亦由该院全数接收，继续办理。[③]为推进师范学院独立设置事宜，西南联大特成立了委员会，请黄钰生、查良钊、沈履、潘光旦、冯文潜等为师范学院独立设置委员会委员，并请黄钰生为该委员会主席。[④]

① 《云南师范大学纪事》修订出版编委会：《云南师范大学纪事（1938—1998）》，昆明：云南人民出版社，2013 年，第 116 页。

② 《云南师范大学纪事》修订出版编委会：《云南师范大学纪事（1938—1998）》，昆明：云南人民出版社，2013 年，第 118 页。

③ 《教部设置国立昆明师范学院》，《教育通讯（汉口）》，1946 年复刊 1 第 9 期，第 17 页。

④ 西南联合大学北京校友会校史编辑委员会：《国立西南联合大学校史资料》，北京：北京大学出版社，昆明：云南人民出版社，1986 年，第 70 页。

　　此后，国立昆明师范学院举行第 382 次常务委员会与第 385 次常务委员会，通过了国立昆明师范学院与北京大学、清华大学、南开大学三校合作办法，具体如下。

　　（1）国立昆明师范学院延聘教师的标准与原西南联大三校相同。

　　（2）三校教师得原校同意，留国立昆明师范学院任教时，除原薪由国立昆明师范学院支领，其在原校之年资计算及应享权益，与在原校服务相同。

　　（3）国立昆明师范学院之教师，得院方同意，在三大学任教时，其待遇按三大学之规定办理。

　　（4）国立昆明师范学院得与三校商洽选送高年级学生至三校肄业，所得成绩仍为国立昆明师范学院之学分成绩，报送人数应以国立昆明师范学院人数 1/4 为限。

　　（5）三校之高年级学生及研究生，按其所研究学科得由系校与西南联大师范学院商洽，来昆明进行研究，国立昆明师范学院予以便利，其导师由系校指定。

　　（6）三校得以在国立昆明师范学院内设研究工作站。[①]

　　1946 年 7 月 28 日，国立昆明师范学院正式开始进行筹备工作，并对各系系主任进行聘定。值得注意的是，教育学系系主任聘定为徐继祖。他以前在西南联大师范学院教育学系长期担任教职，自 1941 年 8 月聘为教育学系系主任后，长期为学生开设"中学行政""中等教育""教育统计学""学校教育及行政问题""教育视导及调查""教育财政学""中学视导"等方面的课程，且多次参加暑期教师各科讲习讨论会并担任教育组讲师，参与附属学校相关管理工作，曾拟定学生离校实习相关办法，为西南联大师范学院教育学系的发展做出了较大贡献。[②]

　　后来，师范学院黄钰生起草了复员北返后国立昆明师范学院过渡时期的七条办法，为西南联大师范学院永久留昆提供了一定的条件。这七条办法如下：第一，师范学院在抗日战争期间属于西南联大，其教务、总务、训导等工作统属于西南联

① 《国立昆明师范与北大、清华、南开三校保持密切之合作关系》，《大公报》，1946 年 7 月 23 日，第 1 版。

② 《国立昆明师范学院各系系主任均聘定》，《云南日报》，1946 年 7 月 28 日，第 2 版。

大各处办理，仅经费单独开支，银行往来，另立户头；第二，师范学院经费应请教育部于原有经费之外，另行加拨若干，以资应用；第三，师范学院学生，本科重质，倘学生人数不多，也宁缺毋滥，以树立声气，初级部与晋修班则兼重数量，以适应地方当前的需要；第四，师范学院各学程，无论普通科目、教育科目还是专业科目，均以单独设立为原则，选习某一学程的学生在 5 人以上则即另行开班，5 人以下附于其他学院；第五，师范学院教师以单独聘请为原则；第六，师范学院行政机构应予以调整；第七，西南联大其他学院教师如在师范学院开课者，除其薪酬津贴之外，应准予师范学院酌情另给薪酬，另由部拨款建造简单之宿舍与小型之住宅，廉价租给师范学院专任教师，以安其心。①此后，西南联大师范学院留设昆明，改组为国立昆明师范学院，兹悉师范学院学系设国文学系、英语学系、史地学系、数学系、理化学系、教育学系、博物学系、体育学系，并附设师范学院附中。②

1946 年 8 月中旬，西南联大正式结束办学，复员北返。西南联大在昆明存续的八年时间，与云南人民结下了深厚友谊，云南社会各界纷纷前来送别，盛赞西南联大的优良校风，感谢西南联大为云南经济、文化、教育的发展所做的努力。其中，云南省暨昆明市商会分别赠三校屏联一副。赠给北京大学的是："博我以文，日就月将，惠以南国；仰之弥高，察时垂象，譬如北辰。"赠给清华大学的是："万里采蘋来，载将时雨春风，已为遐方开气运；九年移帐去，种得天南桃李，常留嘉荫咏清华。"赠给南开大学的是："天教振铎，泽被南滇，看到满门桃李正开时，为金碧湖山平添春色；夜话避戎，事同西土，例诸欧洲文艺复兴史，愿乾坤抖擞早放曦光。"③三副屏联充分表达了云南人民对三校的不忍离别和感激之情。为了表达感激之情，三校特向云南省暨昆明市商会赠送"惜别屏联"，函件云："敬启者，八载推襟，一朝分襟，值离乱而设教，惭非通德之门，欲赋别而伤神，尚乏生死之笔，

---

① 杨立德：《西南联大教育史》，成都：成都出版社，1995 年，第 196 页。

② 《国立昆明师范学院学系核定》，《教育通讯（汉口）》，1946 年复刊 2 第 3 期，第 17 页。

③ 中国人民政治协商会议云南省昆明市委员会文史资料委员会：《昆明文史资料选辑 第十九辑》，内部资料，1992 年，第 84 页。

迺荷玧筵先馔。既厚扰夫栖盘，锦轴继颁，获青辉于蓬荜。金锵玉振，陈梁萧孔之文。凤翥龙翔，魏晋钟玉之字，桃漂千丈，未足喻此深情。秋水一篇，差可方兹佳制。自当回环雒诵，什袭珍藏，常留鸿印之痕，籍志燕游之乐，唯是文成过誉，中多藻饰之词，客去临岐，难有琼瑶之报。瞻怀所土，重晤何时？用修善戕，敬申菲谢。"①感激之情尽含于内，依依惜别之情寓于其中。

西南联大各院所培养的学生的成就自不待言，师范学院教育学系在学生培养方面的成效亦有目共睹。据统计，以西南联大结束办学为限，全校一共毕业学生2000多人（参军、休学者不计在内），其中师范学院本科毕业生为100多人。其中，尤以1943级教育系毕业人数为多（29人），占当年师范学院毕业生人数的比例近60%，可谓是师院培养师范人才最得力的系所。②其中，有不少优秀的毕业生选择留校任教，后来，他们中的很多人成了大学中尤其是西南联大师范学院教育学系的中流砥柱，特别是在新时期的中国，他们以学科带头人的身份引领了教育学学科的建设。

从各类档案资料中可见，以西南联大结束办学为限，师范学院毕业生（包括专修班、进修班）共415人，其中滇籍学生272人。③众多云南籍学生毕业后，相当一部分毕业生留在云南从事地方教育工作，极大地改变了云南教师队伍不足和质量不高的现状，提高了云南当地的教学水平和教育质量。④

据云南省教育厅的相关统计，西南联大师范学院创办前的1937年，云南全省的中学教师共有2019人，其中大专学历的教师有960人，大专学历以下的教师有

---

① 云南师范大学校史编写组：《云南师范大学校史稿（1938—1949）》，《云南师范大学学报（哲学社会科学版）》校庆增刊，1988年，第144页。

② 西南联合大学北京校友会：《国立西南联合大学校史——一九三七至一九四六年的北大、清华、南开》，北京：北京大学出版社，1996年，第483页；北京大学，清华大学，南开大学等：《国立西南联合大学史料 五 学生卷》，昆明：云南教育出版社，1998年，第5—7页。

③ 云南师范大学校史编写组：《云南师范大学校史稿（1938—1949）》，《云南师范大学学报（哲学社会科学版）》校庆增刊，1988年，第110页。

④ 北京大学，清华大学，南开大学等：《国立西南联合大学史料 一 总览卷》，昆明：云南教育出版社，1998年，第150页。

1119 人，其中又以中学毕业的教师人数居多，达到 703 人。①西南联大师范学院创办之后，培养出了数以千计的毕业生，由于受过西南联大各方名家的教导，又受西南联大"博专结合、治学治事"的办学理念的熏陶，加之西南联大师范学院施行"严谨认真、开拓创新"的培养模式，使得西南联大师范学院培养出的教师一方面具有丰富的理论知识，另一方面又有较强的教学实践能力，多数学生在后来的工作中表现卓越，成为云南中学教师队伍中一道靓丽的风景线。

与此同时，其中一部分心怀教育使命的西南联大师范学院毕业生下沉至基层，积极投身兴学事业，潜心创办教育。这些留在云南的西南联大校友，在教育战线工作的就有 200 余人。②还有一部分毕业生投身于云南当地的教育管理工作，并取得了可喜的成绩，大大推动了当地教育行政改革。这说明西南联大不但在当时促进了云南地区文化、教育事业的发展，而且为西南地区教育事业的发展奠定了基础（表6-1）。表 6-1 选取的为部分西南联大师范学院教育学系毕业生的信息，从中可见大部分毕业生均投身于教育事业，有的担任普通教师，有的成了学校管理骨干，西南联大师范学院教育学系的育人成效由此可见一斑。

表 6-1　西南联大昆明校友录（部分）

姓名	职务	原在院系	在校时间	工作单位
李燮昆	教师	教育学系	1940 级	大理一中
王恩溥	教师	教育学系	1940 级	大理女子中学
郭瑀	教师	教育学系	1940 级	昆明二中
张宗舜	教师	教育学系	1940 级	逸山学校
张凤祥	教师	教育学系	1940 级	贵州盘县中学
王延禧	教师	教育学系	1940 级	大理三中
马人文	教师	教育学系	1940 级	个旧一中

① 中国人民政治协商会议云南省昆明市委员会文史资料委员会：《昆明文史资料选辑（第二十六辑）》，内部资料，1996 年，第 215 页。

② 杨履然，朱春和，黄朝铣：《西南联大与云南教育》，见云南西南联大校友会《西南联大精神永垂云南：国立西南联合大学昆明建校 65 周年纪念文集（1938—2003）》，昆明：云南教育出版社，2003 年，第 64 页。

续表

姓名	职务	原在院系	在校时间	工作单位
岳镇江	干部	教育学系	1940 级	昆明华山皮件厂
蔡立筠	教师	教育学系	1941 级	华坪县教师进修学校
桂希禹	副校长	教育学系	1942 级	昆明十三中
孙梓元	教师	教育学系	1942 级	云南师范大学
郑永福	教师	教育学系	1943 级	云南师范大学
于炳兰	教师	教育学系	1943 级	昆明十中
童月兰	教师	教育学系	1944 级	云南交通学校
卜为械	教师	教育学系	1944 级	昆明师专
杨宝云	教师	教育学系	1945 级	昆明七中
杨沛煊	教师	教育学系	1946 级	云南中医学院
李再阳		教育学系	1946 级	云南师范大学
符于周	主任	教育学系	1946 级	西畴教育局

资料来源：昆明校友会：《国立西南联合大学昆明校友录》，内部资料，出版时间不详

短短数年间，西南联大师范学院教育学系的人才培养就取得了较大成就，主要源于以下几个方面。

首先，西南联大师范学院教育学系宽严相当的招生与培养标准，是学生人才选拔的重要保障。自 1938 年《师范学院规程》颁布后，高等师范学院均以养成中等学校师资为目标。这一目标虽不全面，但与中等师范教育的培养目标相互衔接，基本上也构成了一个相对完整的目标体系。国立师范学院因而具有相对的独立性，在相当程度上改变了战前中等教育师资培养缺乏宏观掌控能力、大学与师范大学各自为政的局面。因而，以西南联大师范学院教育学系为代表制定的教师教育体制呈现出了开放式的格局。

其一，在招生方面，西南联大师范学院教育学系考虑到了原有系所的建制，依据三校招生及部定省份名额进行招生，可以说这种招生模式兼顾了很多方面，也在很大程度上考虑了地方的需要，大量地招收云南籍学生，对于促进为地方教育服务产生了较为直接的效用。

其二，在教师教育体系方面，西南联大师范学院教育学系机构逐渐完备。根据教育部规定，学校设置了高级中学教员、初级中学教员、小学教员晋修班，将中小学教师的职前培养与职后培训相结合，并颁布了一系列关于中小学教师培训的法令法规，在师范学院设立了教员晋修班、暑期各科教师讲习讨论会等负责中小学教师的在职培训，并对在职培训的管理、课程、时间等做出了具体规定，督导厉行中小学教师培训工作，以期逐渐提高教员的教学水平。中小学教师培训的形式丰富多样，短期培训包括专题讨论会、假期讲习会、师资训练班、国民教育研究会等，且将在职进修教师资格与职后各类培训相结合，提高了在职教师参加培训的积极性，促进了教师的专业发展。

其三，在课程设置方面，西南联大师范学院教育学系也进行了进一步优化，使得教师的专业特色更为突出。如前所述，西南联大师范学院教育学系的课程设置重视教育基本科目和教育专业训练科目，充分体现出了教师的专业性特点，尤其是体现出了大力培养教育行政管理人员的特殊需求。另外，根据《师范学院学生教学实习办法》对师范生的实习内容、时间安排、实习场地等进行了详细规定，西南联大师范学院教育学系学生的教育实习工作得到了完善和落实，提高了学生的实践能力。[①]

其次，西南联大师范学院教育学系的育人成效还与师范学院院长黄钰生的办学理念息息相关。据黄钰生的设想，原先是想摒弃近代以来中国新教育中存在的偏重知识传授、忽视德育指导、教学与训导分家、师生关系日益疏远的弊端，而采择"导师制并推进训教合一"制度，将师范学院办成牛津大学式的学院或是古代书院式的学院，以区别于联大的其他院校[②]，确要为实现教育救国理想，培育出一批批优良的中等教育师资。他倡导"人才靠教育，教育靠师范"的理念，认为要从师范学院的特殊性及中等教育师资的需要出发，拟定符合西南联大的爱国、民主、科学

---

① 曾煜：《中国教师教育史》，北京：商务印书馆，2016年，第232—234页。

② 黄钰生：《回忆联大师范学院及其附校》，见冯友兰等《联大教授》，北京：新星出版社，2010年，第244—248页。

传统的"通才教育"方针。因此，他在主持西南联大师范学院工作期间亲自兼任专修科主任，主管在职中等学校教师的培训工作，并兼任附属学校主任（校长），在工作中克服重重困难，认真办理、坚持不懈，使师范学院尤其是教育学系的人才培养、教学科研、社会服务事业迅速发展，枝繁叶茂，成为云南教育史上第一所设置较为完备的综合性高等师范学府。在他的理念的指导下，西南联大师范学院教育学系对地方师资培育起到了极大的作用，也为在职教师的进修创造了有利的条件，极大地提升了全省范围内教师队伍的素质，也为云南这块高原的红土地培育了高质量的教师人才。

结　语

　　抗日战争全面爆发后，全国多所高校西迁，西南联大在昆明成立，西南联大师范学院作为其附属学院进而设立。西南联大师范学院，尤其是教育学系，作为战时云南地区极具影响力及代表性的师资培养机构，在促进云南师范教育事业发展中扮演着重要角色。该学系在教育学学科发展、学术研究及教育模式方面所做出的探索和取得的成就，代表了当时全国高等师范教育的面貌，可谓近代中华民族寻求教育兴国之路的典范。

　　在行政组织上，西南联大师范学院教育学系采用了与其他院系类似的"垂直管理"模式，设系主任负责教学管理，强调对学生的教育实践能力的训练。

　　在师资组成上，西南联大师范学院教育学系的教师年龄多为三四十岁左右，大部分具有留学经历，构成了一支具有深厚学术素养、实力强大的学术队伍。

　　在课程设置上，除为所有学生开设的共同必修科目之外，西南联大师范学院教育学系还依据地方特色和实际需要，开设了对教育研究有针对性贡献的其他科目，兼具灵活性与本土化。比如，"中等教育""中学行政问题"等课程体现出对学生的基础理论与知识学习的关注；"普通教学法""分科教材及教法研究"等课程凸显了对学生教学技能的培养；"训育原理与实施""教育视导与调查"等课程则强调对地方教育管理行政人才的培育。

　　在教学方法上，西南联大师范学院教育学系综合使用了讲授法、讨论法、现场教学及课后辅导等方式，教师不仅在课堂中传递本土化的教学理念，也将海外先进的教育思想引入课堂中。从整体的培养方案来看，其课程目标都是指向培养一批高素质、高质量的中等学校教师。

　　在学术研究上，西南联大师范学院教育学系还成立了专门针对科研活动的研究室和学会，举办与教育相关的座谈会和讨论会，教师在《云南日报》《正义报》等相关刊物上发表了大量研究论文。作为战时研究云南教育问题的主要作者群体，西南联大师范学院教育学系的师生尤其关注当时的中等学校教师薪资、教师教育制度等问题，相关研究成果在当地产生了巨大的反响，促进了云南本土地方教育的发展。

　　在教育实践中，西南联大师范学院教育学系的师生依托云南省地方教育，开展了不少"在地化"教育探索。首先，师生立足于云南本地，根据抗战需要及地方特色，从现实生活取材，开展了大量的教育活动，促进了云南省教育的发展。其次，除与昆明广播电台合作进行广播演讲，西南联大师范学院教育学系的教师还开展了很多教育学术性讲座，不仅弥补了晋修班及讲习讨论会的不足，而且普及了大众教育。

　　西南联大师范学院教育学系充分发挥自身的优势，根据政府设定的一系列顶层制度来开展师范教育，在一定程度上改变了当时云南地方中等教育师资培养缺乏宏观掌控、大学与师范学院各自为政的局面，从而保证了办学质量，在当地起到了示范作用。同时，其将中小学教师的职前培养与职后培训相结合，提高了在职教师参加培训的积极性，促进了教师的专业发展，初步形成了一体贯通的教师培养体制，在很大程度上加快了师资培养的步伐，缓解了中小学尤其是义务教育发展与师资匮乏之间的矛盾。另外，西南联大师范学院教育学系通过专业教师课程的进一步优化，并突出提升师资水平的特点，从制度上保证了学生知识结构的合理性，进一步完善了本学系的课程设置，并与当时当地的社会、政治及经济发展进行了紧密结合，比较好地反映了教育学系的专业性质与特色，较好地落实了各类师资的培养目标，体现了抗战及救国的双重需求。

总体来看，在地方教育服务上，西南联大师范学院教育学系从云南地方特色入手，重视边疆教育问题，实现了真正的"在地化"教育。尽管部分教师进修活动是基于抗战的背景和迫切的现实师资需要进行的，存在一定的"临时"性，但确实产生了"作育地方人才服务、增进战时教育之效"的功效。

在云南办学期间，西南联大师范学院教育学系培育了许多以促进边疆教育发展为理想的教育学人。陈友松教授与汪懋祖教授作为西南联大师范学院教育学系教师的优秀代表，从不同的方向践行着学校的育人目标。作为教育培养的主体对象，西南联大师范学院教育学系的学生也自发成立了一些教育服务组织，实现了理论研究与实践操作的双向互动。

在学校的引领下，在抗战救国使命的召唤下，西南联大师范学院教育学系学人的教育理想得以在云南生根发芽。他们在云南践行的一系列活动，不仅促进了教育学科的专业生长，也促进了边疆地区师范教育的发展，为中国的教育事业留下了不灭的火种。

西南联大师范学院教育学系创建于抗日战争时期，逐渐发展成为西南地区重要的师资培育机构，经历了从无到有、从有到发展、从发展到留置于滇的成长历程，虽然仅有数年，可以说沧海一粟，转瞬即逝，却承载了众多教育学人的记忆之思。谁也不能否认，西南联大师范学院教育学系是近代师范教育发展历程中无法忽视的一个特殊个案，梳理其发展的具体规律，探求其与地方互动的种种形式，讨论其人才培养与社会服务的种种可能，有助于探寻中国教师教育发展的经验。曲终有散，本书对西南联大师范学院教育学系的探讨即将告一段落。但是，社会发展的车轮滚滚向前，学术理论日新月异，随着国内外更多的史料得以被发掘，关于西南联大师范学院教育学系的认识也将更加深入。可以说，对这一问题的研究，才刚刚起步，今后对西南联大师范学院教育学系的相关研究会在喜悦的探索中不断推进。近代西南联大师范学院教育学系与云南地方教育的一系列历史活动，无疑闪烁着最纯真的理想之光。

参 考 文 献

北京大学，清华大学，南开大学等：《国立西南联合大学史料 三 教学、科研卷》，
　　昆明：云南教育出版社，1998 年

卞孝萱，唐文权：《民国人物碑传集》，南京：凤凰出版社，2011 年

曹必宏：《日本侵华殖民教育史料（第三卷）》，北京：人民教育出版社，2016 年

陈海儒：《"跑警报"背景下的西南联大教授》，《重庆交通大学学报（社会科学版）》，
　　2007 年第 4 期

陈平原：《大学有精神》，北京：北京大学出版社，2009 年

陈学恂：《中国近代教育大事记》，上海：上海教育出版社，1981 年

崔运武：《中国师范教育史》，太原：山西教育出版社，2006 年

大理白族自治州教育委员会：《大理白族自治州教育志》，昆明：云南民族出版社，
　　1992 年

大理州档案馆：《大理州档案馆指南》，内部资料，2008 年

戴逸，张世明：《中国西部开发与近代化》，广州：广东教育出版社，2006 年

方铁：《边疆民族史探究》，北京：中国书籍出版社，2013 年

封海清，丁红卫：《西南联大对抗战时期国民精神的引领》，《云南师范大学学报（哲
　　学社会科学版）》，2021 年第 1 期

封海清：《抗战时期迁滇高校进出考》，《学术探索》，2020 年第 5 期

封海清：《论西南联大的文化选择》，《高等教育研究》，2005 年第 3 期

高建国，张俊峰：《西南联大教授群体通识教育的思想认同与实践效应》，《云南师
　　范大学学报（哲学社会科学版）》，2010 年第 6 期

高翔：《国立艺专昆明办学考》，《美学随笔》，2015 年第 6 期

高长柱：《边疆问题论文集》，重庆：正中书局，1941 年

顾明远：《教育大辞典　增订合编本（上、下）》，上海：上海教育出版社，1998 年

何方昱：《资源配置与权力之争：以战时浙江大学内迁贵州为中心》，《近代史研究》，
　　2016 年第 1 期

何斯民：《抗战时期中国文化精英的生活状况及其报国途径——以迁滇文化精英为
　　分析案例》，《学术探索》，2006 年第 6 期

侯德础：《抗日战争时期中国高校内迁史略》，成都：四川教育出版社，2001 年

侯德础，张勤：《高校内迁与战时西南科技文化事业》，《抗日战争研究》，1998 年
　　第 2 期

胡邦定：《从昆明到北平——1946 年西南联大复员北上纪行》，《中共党史资料》，
　　2009 年第 3 期

胡艳：《民国时期综合大学参与教师教育的特点》，《教育学报》，2006 年第 6 期

黄奋生：《边疆政教之研究》，上海：商务印书馆，1943 年

黄晓通：《抗战时期国立大学教师生计探微——以西南联大教师生计为中心》，《延
　　边党校学报》，2009 年第 3 期

霍益萍：《近代中国的高等教育》，上海：华东师范大学出版社，1999 年

姜良芹：《抗战时期高校教师工资制度及生活状况初探》，《南京师大学报（社会科
　　学版）》，1999 年第 3 期

教育部教育年鉴编纂委员会：《第二次中国教育年鉴》，上海：商务印书馆，1948 年

教育大辞典编纂委员会：《教育大辞典　第 10 卷：中国近现代教育史》，上海：上海
　　教育出版社，1991 年

金以林：《近代中国大学研究：1895—1949》，北京：中央文献出版社，2000 年

金以林，丁双平：《大学史话》，北京：社会科学文献出版社，2000 年

昆明市政协文史委员会：《绝徼移栽 箶吹弦诵——纪念西南联大建校 80 周年》，昆
　　明：云南人民出版社，2019 年

昆明市政协文史学习委员会：《抗战时期文化名人在昆明（一）》，昆明：云南美
　　术出版社，2000 年

李景文：《民国教育史料丛刊总目提要》，郑州：大象出版社，2015 年

李巧宁，陈海儒：《抗战期间内迁高校学生的日常生活——以西南联大和西北联大
　　为例》，《甘肃社会科学》，2011 年第 6 期

李友芝，李春年，柳传欣等：《中国近现代师范教育史资料（第二册）》，内部资料，
　　1983 年

李泽民，曾小龙：《借鉴西南联大办学经验　创建中国特色一流大学》，《高教探
　　索》，2013 年第 3 期

李忠：《高等教育“适应论”的内在冲突及其应对》，《社会科学战线》，2019 年第
　　4 期

凌安谷等：《交通大学内迁西安史实》，西安：西安交通大学出版社，1995 年

刘兴育：《旧闻新编：民国时期云南高校记忆（上、中、下）》，昆明：云南大学出
　　版社，2017 年

刘学铫：《中国历代边疆大事年表》，台北：金兰文化出版社，1979 年

龙光沛：《抗战时期国立贵州师范办学特点》，《贵州文史丛刊》，1989 年第 2 期

娄岙菲，包丹丹，于述胜：《近年来中国教育史研究学术进展评述》，《教育研究》，
　　2015 年第 9 期

陆道坤，蒋叶红：《从通识教育到一流本科建设——基于西南联大的研究》，《大学
　　教育科学》，2016 年第 5 期

陆韧，杨海挺，石敏：《西南联大研究的史料与视野问题》，《云南师范大学学报（哲
　　学社会科学版）》，2014 年第 6 期

罗常培：《苍洱之间》，合肥：黄山书社，2009 年

马廷中：《民国时期云南民族教育史研究》，北京：民族出版社，2007 年

马廷中：《民国政府的民族教育政策研究》，《西南民族大学学报（人文社科版）》，
　　2007 年第 7 期

马玉华：《论国民政府对西南边疆及边疆民族的治理》，《中国边疆史地研究》，2008
　　年第 3 期

梅祖彦：《晚年随笔》，北京：清华大学出版社，2004 年

孟国祥：《烽火薪传：抗战时期文化机构大迁移》，北京：商务印书馆，2015 年

木桢，倪慧芳：《边疆少数民族地区社会稳定与发展》，北京：中国社会科学出版社，
　　1997 年

南开大学校史编写组：《南开大学校史（1919—1949）》，天津：南开大学出版社，
　　1989 年

南开大学校史研究室：《联大岁月与边疆人文》，天津：南开大学出版社，2004 年

潘懋元，刘海峰：《中国近代教育史资料汇编·高等教育》，上海：上海教育出版社，
　　1993 年

浦虹，黄海涛：《西南联大教育思想探析》，《咸宁学院学报》，2012 年第 6 期

强重华：《抗日战争时期重要资料统计集（1931—1945）》，北京：北京出版社，
　　1997 年

璩鑫圭，童富勇，张守智：《中国近代教育史资料汇编 实业教育 师范教育》，上海：
　　上海教育出版社，2007 年

全国民国档案通览编委会：《全国民国档案通览》，北京：中国档案出版社，2005 年

任广林：《民国时期的国立贵州师范学校》，《贵州文史丛刊》，1991 年第 1 期

任祥：《抗战时期云南高等教育的流变与绵延》，北京：商务印书馆，2012 年

任之恭：《一位华裔物理学家的回忆录》，范岱年，范建年，范华译. 太原：山西高
　　校联合出版社，1992 年

沈云龙：《近代中国史料丛刊》，台北：文海出版社有限公司，1966 年

宋恩荣，章咸：《中华民国教育法规选编（修订版）》，南京：江苏教育出版社，
　　2005 年

孙代兴，吴宝璋：《云南抗日战争史：1937—1945》，昆明：云南大学出版社，
　　1995 年

田文军：《冯友兰与西南联大》，《南阳师范学院学报（社会科学版）》，2006 年第
　　1 期

田正平，商丽浩：《中国高等教育百年史论：制度变迁、财政运作与教师流动》，
　　北京：人民教育出版社，2006 年

田正平，吴民祥：《近代中国大学教师的资格检定与聘任》，《教育研究》，2004 年
　　第 10 期

王浩禹：《国家需要与地方建设：抗战时期西南联大学人对云南经济开发的认识》，
　　《云南师范大学学报（哲学社会科学版）》，2019 年第 5 期

王俊义，丁东：《口述历史（第四辑）》，北京：中国社会科学出版社，2006 年

王钱国忠：《战时中国高校内迁实录（上、下册）》，上海：上海书店出版社，2016 年

王学珍，郭建荣：《北京大学史料 第三卷 1937—1945》，北京：北京大学出版社，
　　2000 年

闻黎明：《"跑警报"：西南联合大学战时生活研究之一》，《史学月刊》，2007 年第
　　7 期

闻黎明：《抗日战争与中国知识分子：西南联合大学的抗战轨迹》，北京：社会科学
　　文献出版社，2009 年

吴锦旗：《抗战时期大学教授的政治参与研究》，南京：南京大学出版社，2012 年

吴民祥：《流动与求索：中国近代大学教师流动研究：1898—1949》，杭州：浙江教
　　育出版社，2016 年

吴涛：《民国时期罗廷光教育管理理论及其贡献》，《北京教育学院学报》，2019 年
　　第 3 期

西南联合大学北京校友会校史编辑委员会：《国立西南联合大学校史资料》，北京：

北京大学出版社，昆明：云南人民出版社，1986 年

夏绍先：《抗战时期云南的教育——内迁院校与云南教育的发展》，《云南师范大学学报（教育科学版）》，2002 年第 6 期

萧超然等：《北京大学校史（一八九八——一九四九）（增订本）》，北京：北京大学出版社，1988 年

谢本书：《近代时期西南地区近代化问题的历史考察》，《云南学术探索》，1997 年第 1 期

谢本书：《西南联大三巨头》，《学术探索》，2020 年第 2 期

谢本书，温贤美：《抗战时期的西南大后方》，北京：北京出版社，1997 年

谢慧：《西南联大与抗战时期的宪政运动》，北京：社会科学文献出版社，2010 年

熊贤君：《抗战时期内迁高校的西部开发》，《河北师范大学学报（教育科学版）》，2003 年第 1 期

徐辉：《抗战大后方教育研究》，重庆：重庆出版社，2015 年

徐友春：《民国人物大辞典》，石家庄：河北人民出版社，1991 年

许渊冲：《联大人九歌》，昆明：云南人民出版社，2008 年

许渊冲：《续忆逝水年华》，武汉：湖北人民出版社，2008 年

许渊冲：《许渊冲西南联大日记》，昆明：云南人民出版社，2020 年

荀利波：《全面抗战时期西南大后方战略地位的确立》，《学术探索》，2019 年第 1 期

杨立德：《从西南联大看一流大学的建设》，《云南师范大学学报（哲学社会科学版）》，2011 年第 6 期

杨立德：《西南联大教育史》，成都：成都出版社，1995 年

杨绍军：《西南联大时期的文学创作及其外来影响》，北京：作家出版社，2007 年

杨世瑜：《国立西南联合大学师范学院研究》，《兰台世界》，2020 年第 2 期

余小茅，张爱丽：《梅贻琦"从游说"的当代教育意蕴》，《现代大学教育》，2019 年第 5 期

余英时：《钱穆与中国文化》，上海：上海远东出版社，1994 年

余子侠：《抗战时期高校联办的历史解析》，《河北师范大学学报（教育科学版）》，2015 年第 4 期

余子侠，冉春：《抗日战争时期中国教育研究》，北京：团结出版社，2015 年

余子侠，冉春：《中国近代西部教育开发史——以抗日战争时期为重心》，北京：人民教育出版社，2008 年

俞海洛：《西南联大教育理念对当今高校合并融合的启示》，《中国高教研究》，2004 年第 3 期

虞卓：《西南联大教育思想对当今高校思想政治教育的启示》，《吉林省教育学院学报》，2014 年第 6 期

云南大学，云南省档案馆：《云南大学史料丛书　学生卷（1922 年—1949 年）》，昆明：云南大学出版社，2013 年

云南省档案馆：《档案中的西南联大》，昆明：云南民族出版社，2016 年

云南省档案馆：《民国时期西南边疆档案资料汇编·云南卷（第六十三卷）》，北京：社会科学文献出版社，2013 年

云南省档案馆：《云南省档案馆馆藏名人手迹》，昆明：云南民族出版社，2017 年

云南省档案馆：《云南省档案馆指南》，北京：中国档案出版社，1997 年

云南省档案（局）馆：《抗战时期的云南：档案史料汇编（上、下）》，重庆：重庆出版社，2015 年

云南省志编纂委员会办公室：《续云南通志长编（中册）》，内部资料，1986 年

曾煜：《中国教师教育史》，北京：商务印书馆，2016 年

张红：《抗战时期内迁进步知识分子对其历史使命认识刍论》，《广西社会科学》，2002 年第 3 期

张红：《抗战中内迁西南的知识分子》，南昌：江西人民出版社，2004 年

张睦楚：《试述西南联大师范学院师范生暑期教育服务及其开展：以"生活教育团"为中心之探讨》，《教师教育研究》，2020 年第 1 期

张睦楚：《西南联大师范学院的地方教育服务》，《北京教育学院学报》，2020 年第

2 期

张睦楚：《西南联大师生历史记忆的别样书写：基于心态史视角的考察》，《教育史研究》，2019 年第 1 期

张睦楚：《育滇省师资·增教育之效——西南联大师范学院与战时云南"中等学校教员暑期各科教育讲习讨论会"》，《学术探索》，2020 年第 9 期

张宪文等：《中华民国史》，南京：南京大学出版社，2006 年

张宪文，张玉法：《中华民国专题史》，南京：南京大学出版社，2015 年

张宪文，方庆秋，黄美真：《中华民国史大辞典》，南京：江苏古籍出版社，2002 年

张研，孙燕京：《民国史料丛刊》，郑州：大象出版社，2009 年

张玥：《抗战时期国立大学校长的治校方略研究》，南京大学博士学位论文，2013 年

章清：《思想之旅：殷海光的生平与志业》，郑州：河南人民出版社，2006 年

政协西南地区文史资料委员会：《抗战时期西南的教育事业》，贵阳：贵州省文史书店，1994 年

中国边疆学会：《边疆述闻》，重庆：正中书局，1943 年

中国第二历史档案馆：《中华民国史档案资料汇编总目索引》，南京：凤凰出版社，2010 年

中国人民政治协商会议西南地区文史资材协作会议：《抗战时期内迁西南的高等院校》，贵阳：贵州民族出版社，1988 年

中国人民政治协商会议云南省昆明市委员会：《昆明文史资料集萃（全十册）》，昆明：云南科技出版社，2009 年

中国人民政治协商会议云南省昆明市委员会文史资料委员会：《昆明文史资料选辑（第十五辑）》，内部资料，1990 年

中国人民政治协商会议云南省昆明市委员会文史资料委员会：《昆明文史资料选辑（第二十六辑）》，内部资料，1996 年

中国人民政治协商会议云南省委员会文史资料委员会：《云南文史资料选辑 第五十三辑 内迁院校在云南》，昆明：云南人民出版社，1998 年

钟叔河，朱纯：《过去的学校（回忆录）》，长沙：湖南教育出版社，1982 年

朱有瓛：《中国近代学制史料 第二辑下册》，上海：华东师范大学出版社，1989 年

Goodman J, Grosvenor I. Educational research—History of education a curious case? Oxford Review of Education, 2009, 35(5): 601-616

Hayhoe R. China's universities and Western academic models. Higher Education, 1989, 18(1): 49-85

Hayhoe R. Contemporary Chinese Education. New York: Routledge, 1990

Hayhoe R. Ideas of Higher Learning, East and West: Conflicting Values in the Development of the Chinese University. Minerva, 1994, 32(4): 361-382

Ho K, Mok J, Tan J. Globalization and marketization in education: A comparative analysis of Hong Kong and Singapore. Cheltenham: Edward Elgar, 2004

Peake C H. Nationalism and Education in Modern China. New York: Howard Fertig Press, 1970

Potts P. Modernising Education in Britain and China: Comparative perspectives on excellence and social inclusion. London: Routledge Falmer Press, 1992

Robinson-Pant A. Cross-Cultural Perspectives on Educational Research. New York: McGraw-Hill, 2005

Tsang C S. Society, Schools and Progress in China. Oxford: Pergamon Press, 1968

Yang R. Indigenizing the Western concept of university: The Chinese experience. Asia Pacific Education Review, 2013, 14, 85-92

Yeh W. Becoming Chinese: Passages to Modernity and Beyond. Berkeley: University of California Press, 2000